山西大同大学基金资助

QUYU XIETONG

区域协同

蒙晋冀（乌大张）长城金三角合作区

张国卿◎著

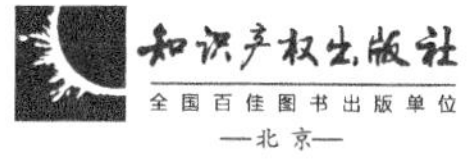

图书在版编目（CIP）数据

区域协同：蒙晋冀（乌大张）长城金三角合作区/张国卿著. —北京：知识产权出版社，2020.11

ISBN 978-7-5130-7210-6

Ⅰ.①区… Ⅱ.①张… Ⅲ.①区域经济发展—研究—华北地区 Ⅳ.①F127.2

中国版本图书馆 CIP 数据核字（2020）第 185940 号

内容提要

本书结合作者主持的山西省哲学社会科学项目“蒙晋冀（乌大张）长城金三角合作区经济协同发展机制研究”、山西省软科学项目“蒙晋冀（乌大张）长城金三角合作区科技协同创新机制研究”、山西省高校哲学社会科学项目“蒙晋冀（乌大张）长城金三角合作区高新技术企业协同创新开发模式研究”，依托区域协同创新相关理论，探索合作区协同发展的科学路径。本书以蒙晋冀（乌大张）长城金三角合作区为实证对象，针对性地提出相关对策建议，以期产出对于不同合作区、城市群可提高整体运行效率、增强综合竞争力的参考。

责任编辑：安耀东　　　　**责任印制**：孙婷婷

区域协同：蒙晋冀（乌大张）长城金三角合作区

QUYU XIETONG：MENG-JING-JI（WU-DA-ZHANG）CHANGCHENG JINSANJIAO HEZUOQU

张国卿　著

出版发行：	知识产权出版社有限责任公司	**网　　址**：	http://www.ipph.cn
电　　话：	010-82004826		http://www.laichushu.com
社　　址：	北京市海淀区气象路 50 号院	**邮　　编**：	100081
责编电话：	010-82000860 转 8534	**责编邮箱**：	anyaodong@cnipr.com
发行电话：	010-82000860 转 8101	**发行传真**：	010-82000893
印　　刷：	北京九州迅驰传媒文化有限公司	**经　　销**：	各大网上书店、新华书店及相关专业书店
开　　本：	720mm×1000mm　1/16	**印　　张**：	12
版　　次：	2020 年 11 月第 1 版	**印　　次**：	2020 年 11 月第 1 次印刷
字　　数：	201 千字	**定　　价**：	78.00 元

ISBN 978-7-5130-7210-6

目 录

第1章　绪　论

1.1　研究背景

为了推动区域经济的发展，提高国民经济水平，我国已经实施了京津冀协同发展和长江经济带等发展战略。目前我国高度重视蒙晋冀地区的经济联合发展，特别是蒙晋冀（乌大张）长城金三角合作区的建设。“乌”即内蒙古自治区管辖下的乌兰察布市，“大”即为山西省的大同市，“张”为河北省的张家口市。三地区域一体化发展的概念是在2013年11月大同市党政代表团赴乌兰察布市学习时，乌兰察布市与大同市在两地实际合作的基础上提出的，核心是为了践行习近平总书记提出的“守望相助”和“三个跳出”的讲话精神，落实晋蒙协议、冀蒙合约，融入京津冀一体化协同发展。通过改善三地区域内的生态环境、优化资源配置、延伸产业链条，更好地服务首都经济圈，探索我国欠发达地区的经济合作模式，创新、引领跨行政区域合作示范，促进民族团结繁荣。

京津冀空间协同发展和城镇化健康发展对于全国城镇群地区可持续发展具有重要示范意义。京津冀协同发展，核心是京津冀三地作为一个整体协同发展，要以疏解非首都核心功能、解决北京“大城市病”为基本出发点，调整优化城市布局和空间结构，构建现代化交通网络系统，扩大环境容量生态空间，推进产业升级转移，推动公共服务共建共享，加快市场一体化进程，打造现代化新型首都圈，努力形成京津冀目标同向、措施一体、优势互补、互利共赢的协同发展新格局，这是京津冀地区的共同发展目标。

蒙晋冀（乌大张）长城金三角合作区位于祖国的正北方、蒙晋冀三省交界处，由内蒙古自治区乌兰察布市、山西省大同市、河北省张家口市三个地级市组成，是京津冀、环渤海、呼包鄂榆三大经济圈的接合部，是国家“一带一路”中蒙俄经济走廊的重要节点区域，是京津冀协同发展的重要功能区、协作区。截至 2018 年底，区域面积 10.6 万平方公里，共辖 39 个旗县市区，常住人口 998.6 万人，生产总值 3850.4 亿元。

乌兰察布市、大同市和张家口市构建蒙晋冀（乌大张）长城金三角区域经济合作，以重点建设物流基地、商贸基地、生产加工基地和信息中心为发展目标，带动蒙晋冀长城金三角文化交流和文化产业互动的建设与发展。乌大张合作区域文化交流与合作，是经济新常态下发展的创新之举，也是顺应区域经济一体化发展趋势的选择，符合三地人民的根本利益，有利于合作区的发展、稳定与繁荣，发展的机遇前所未有。

本书的研究成果具有一定的学术价值、应用价值以及社会影响和效益。首先，为区域经济协同发展机制的实证研究提供了较为完整的分析框架，构建以市场、政府、组织三位一体的区域经济协同发展机制框架，对市场机制、政府机制、组织机制在区域经济协同发展中的作用机理进行了较为深入的研究，在一定程度上弥补了现有文献对区域经济协同发展研究的不足。其次，构建了一个区域经济协同发展的评价体系。构建出区域经济协同发展综合评价指标体系，有助于对具体区域经济协同发展状态做出客观、具体的判断，在现实中具有一定的可行性。最后，对蒙晋冀（乌大张）长城金三角合作区经济协同发展提出了对策和建议。在对蒙晋冀（乌大张）长城金三角合作区经济发展情况进行分析的基础上，针对性地提出促进本区域经济协同发展的对策建议。这对于提高蒙晋冀（乌大张）长城金三角合作区整体运行效率、增强综合竞争力具有一定的参考价值。

1.2 研究思路

国外区域经济协同发展相关的分析比较细化，且偏重于对区域经济协同发展的形式探索、模型构建等。国外的研究为我们提供了看待区域经济协同发展的崭新的理论视角，具有一定的参考价值。对于区域经济协同发展机制的研究将视野拓展到政府机制、组织机制的作用，而不是仅限于市场机制。这些研究普遍认为，不管区域经济发展的结果是趋同还是分异，市场机制的运行、政府的合理干预、组织的重要作用等区域发展因素都是区域经济协同发展过程中不可缺失的力量。

国内区域经济协同发展理论仍然处于探索时期。部分学者以所处地区实际情况为背景，对国外相关研究成果进行借鉴，用不同理论模型分析、解释了区域经济协同发展现状。对于区域经济协同发展的机制研究，大多数是从宏观视角切入，分析我国东、中、西部三大经济带的区域经济差距问题，或者是从某一方面入手，分析其对一些发展成熟的经济区的作用，部分学者将市场、政府、组织三方面协同机制统筹考虑进行分析，但都不够细化。本书以蒙晋冀（乌大张）长城金三角合作区作为具体研究对象，构建市场、政府、组织三位一体协同机制的分析框架，具有理论和现实上的意义。省内对协同发展机制的研究有一些经验可以借鉴，但多限于某个产业或省内区域之间的协同发展，对跨越省域协同发展的实证研究较少。近几年，随着京津冀一体化的逐步推进，省内部分学者以本省如何融入京津冀经济圈为出发点，对“京津冀”经济协同发展进行了研究。这些成果为本书的研究奠定了一定基础。

1.3 实证研究对象

1.3.1 研究对象

2015 年 4 月 30 日，在中央政治局会议上，蒙晋冀（乌大张）长城金三角合作区被纳入《京津冀协同发展规划纲要》，这标志着蒙晋冀（乌大张）长城金三角合作区正式上升为国家发展战略。蒙晋冀联手，不仅对于促进三地实现“优势互补、良性互动、共赢发展”的目标有非常重大的意义，而且有利于建设国家重要的能源基地，为构建国家欠发达地区经济合作模式提供有价值的战略参考。《“十三五”时期京津冀国民经济和社会发展规划》中提出支持乌兰察布、大同等周边毗邻地区融入京津冀协同发展国家战略，为乌大张的发展提供了有力保障。但乌大张作为一个形成时间较短的合作区，各个领域的合作都处于尝试阶段。“1331 工程”提出，要全面加强高校协同创新中心、工程（技术）研究中心、产业技术创新战略联盟三项建设，促进高等教育与经济社会融合发展。要使区域经济有长足的发展就必须构建合作区经济协同发展的机制，促进合作区的整体经济发展，形成发展的合力，否则很可能陷入产业结构趋同、区域内恶性竞争的困境。本书结合蒙晋冀（乌大张）长城金三角合作区的经济发展实际，详尽分析在协同发展方面的现状，剖析和揭示存在的主要问题，提出协同蒙晋冀（乌大张）长城金三角合作区发展的思路和对策，这对于三地深化合作、整合资源实现多方共赢具有非常重要的现实意义。

1.3.2 主要内容

（1）研究的主要内容。

本书研究的主要内容是在对乌兰察布市、大同市和张家口市的经济发展现状进行详细调研和分析的基础之上，以其他地区经济协同发展的经验与实践为参考，以协同学、产业集群理论、复杂适应系统理论为主要分析工具，找到蒙晋冀（乌大张）长城金三角合作区经济协同发展的宏观模式、微观机制以及政策路径，为现实工作提供参考依据。

① 构建蒙晋冀（乌大张）长城金三角合作区经济协同发展评价体系。充分收集理论资料，对蒙晋冀（乌大张）长城金三角合作区各主体的经济发展现状进行详细调研，建立三地经济协同发展的比较评价框架，对三地经济协同发展状况进行合理评价。

② 构建蒙晋冀（乌大张）长城金三角合作区经济协同发展机制。依据蒙晋冀（乌大张）长城金三角合作区经济协同发展的比较分析，结合三地发展的实际情况，构建出适合蒙晋冀（乌大张）长城金三角合作区的经济协同发展机制。

（2）研究的重点。

① 对蒙晋冀（乌大张）长城金三角合作区各主体经济发展现状的分析。

② 对蒙晋冀（乌大张）长城金三角合作区的经济合作现状进行分析。

③ 构建蒙晋冀（乌大张）长城金三角合作区经济协同发展机制。

（3）研究的难点。

① 运用区域经济协同发展评价指标对蒙晋冀长城金三角合作区经济发展现状进行评价。

② 构建多维度的区域经济协同发展机制。

（4）研究的创新点。

① 为区域经济协同发展机制的实证研究提供较为完整的分析框架。构建以市场、政府、组织三位一体的区域经济协同发展机制框架，对市场机制、政府机制、组织机制在区域经济协同发展中的作用机理进行较为深入的研究，在一定程度上弥补了现有文献对区域经济协同发展研究的不足。

② 构建一个区域经济协同发展的评价体系。构建出区域经济协同发展综合评价指标体系，有助于对具体区域经济协同发展状态做出客观、具体的判断，在现实中具有一定可行性。

③ 对蒙晋冀（乌大张）长城金三角合作区经济协同发展提供对策和建议。在对蒙晋冀（乌大张）长城金三角合作区经济发展情况进行分析的基础上，针对性地提出促进本区域经济协同发展的对策建议，对于提高蒙晋冀（乌大张）长城金三角合作区整体运行效率、增强综合竞争力具有一定的参考价值。

（5）研究的思路。

本书主要分两大部分研究。

第一部分为相关理论研究。首先，基础理论研究具体包括区域协同发展基本理论研究和区域经济协同发展机制相关理论分析。其中，区域经济协同发展机制理论中，着重分析市场机制、政府机制、组织机制在区域经济协同发展中的作用及相关问题。其次，是区域经济协同发展评价指标体系的构建。

第二部分为实证研究，构建蒙晋冀（乌大张）长城金三角合作区经济协同发展机制。首先，对蒙晋冀（乌大张）长城金三角合作区各经济主体经济发展现状进行分析。其次，对蒙晋冀（乌大张）长城金三角合作区经济协同发展现状进行研究，并用区域经济协同发展评价指标对本区域经济协同发展状况进行详细的分析和评价。最后，构建蒙晋冀（乌大张）长城金三角合作区协同发展机制，构建市场、政府、组织三位一体的蒙晋冀（乌大张）长城金三角合作区经济协同发展机制的框架，并提出相应的对策建议。

（6）研究的过程。

随着经济全球化和区域经济一体化的迅速发展，区域协作已经成为普遍关注的焦点。区域协作作为世界经济一体化的内在要求、新时期地区发展的新态势，已成为各地产业协同发展的必然选择。在这一趋势下，顺应时代潮流，抓住历史机遇，加强区域协作，营造共赢格局，已成为蒙晋冀（乌大张）长城金三角合作区协同发展的迫切需求和新的动力。经过近几年的发展，乌兰察布市、大同市、张家口市已具备了发展旅游业的基础条件。在实施“结构转型、创新强市”重大战略的背景下，如何加快推进蒙晋冀（乌大张）三地区的协同发展已成为推动地区经济发展的一个重要课题，呼吁引起政府、旅游业和学术界等的广泛关注。

本书首先对蒙晋冀（乌大张）合作区概况进行阐述，对三地区的政治条件、经济发展状况、文化历史、人文旅游资源和矿产资源等进行了简要叙述与总结，将乌大张合作区的合作优势与蒙晋冀区域协同发展现状联系起来加以研究。通过收集蒙晋冀乌大张三地区地方政府间合作背景与区域治理等研究资料，对蒙晋冀（乌大张）长城金三角合作区区域协同合作发展进行分析学习。从而总结蒙晋冀区域协同发展的内外动力，对蒙晋冀协同发展中的三地政府间关系中存在的合作意愿问题和行为困境进行分析，并对未来国家区域合作协同发展进行展望。

本研究从 2018 年 1 月开始到 2019 年 12 月结题，研究周期两年，具体研究阶段如下。

2018 年 1 月—2018 年 4 月：查阅了区域经济协同发展的相关理论资料，在对资料进行分析和研究的基础上，结合数据的可得性，在经济发展水平、经济结构、经济效益三个一级指标下选取了人均生产总值、全社会固定资产投资、第二产业增加值、第三产业增加值、地方财政收入五个指标构建了区域经济协同发展评价指标体系。

2018 年 5 月—2019 年 3 月：展开实地调研，着重对蒙晋冀（乌大张）的经济发展状况及经济协同发展情况进行详细调研，完成了对相关资料和调研结果的统计、分析和研究。

2019 年 4 月—2019 年 9 月：构建了蒙晋冀（乌大张）长城金三角合作区

经济协同发展机制体系，撰写调研报告，发表相关论文。

1.3.3 研究方法

（1）规范分析与实证分析相结合的方法。本书将利用区域经济学、城市经济学、产业经济学、微观经济学、空间经济学等学科知识和方法，对区域经济协同发展的相关概念、基本理论、运行机制等进行深入系统的理论分析，并在此基础上对蒙晋冀（乌大张）长城金三角合作区经济协同发展的现状评价、机制研究、相关对策等进行实证分析。

（2）定性分析与定量分析相结合的方法。在定性分析的基础上，着力进行必要的定量研究，以提高研究成果的科学性、精确性和可操作性。定量研究将在整个研究内容中都有体现，重点体现在对蒙晋冀长城金三角合作区经济协同发展现状分析中采用的数学模型。对于无法采用定量分析的内容，则力求定性，或者定性与定量分析相结合。

（3）动态分析和静态分析相结合的方法。区域经济协同发展具有明显的动态性，就某一时间段而言又具备静态特征。本书将在动态的相互联系中把握其发展和变化规律，同时探讨某一具体时段蒙晋冀（乌大张）长城金三角合作区经济协同发展的格局及特征。

本研究创造性地运用熵权统计法与复合系统协同度模型的结合构建区域经济协同发展的评价体系（见表1－1），得到各个测度指标对于各自子系统协同度的贡献程度以及整个乌大张经济协同发展程度的测度模型，从而得出如下的结论并提出了相应的对策建议。

（1）乌大张复合系统协同度测度指标体系（见表1－1）。

表1－1 乌大张复合系统协同度测度指标体系

一级指标	二级指标
经济发展水平	人均生产总值
	全社会固定资产投资
经济结构	第二产业增加值
	第三产业增加值
经济效益	地方财政收入

（2）乌大张长城金三角合作区各子系统序参量的熵权值。乌大张三市序参量的熵权各不相同，即使是同一种序参量，在不同的地市所占权重也有所区别（见表1－2）。乌大张三地各自的子系统有序度都呈显著上升态势。对经济系统有序度影响最大的序参量是第三产业增加值和地方财政收入，其次是全社会固定资产投资。另外，人均生产总值对经济系统的有序度影响也较大，影响最小的是第二产业增加值。这些结论为提高乌大张三市各自的经济系统有序度方面提供了方向：应该在全面关注所有指标的同时，更加关注第三产业增加值、地方财政收入和全社会固定资产投资等指标，使所有指标共同促进经济系统的有序发展。

表1－2　乌大张三市序参量的熵权

地区	人均 生产总值（元/人）	全社会固定资产投资（亿元）	第二产业增加值（亿元）	第三产业增加值（亿元）	地方财政（预算）收入（万元）
乌兰察布市	0.1695	0.1916	0.1551	0.2258	0.2579
大同市	0.1699	0.2235	0.1596	0.2320	0.2150
张家口市	0.1853	0.2114	0.1618	0.2212	0.2203

（3）乌大张长城金三角合作区各子系统的有序度。由实证结果得出各经济子系统的有序度（见表1－3）。经济子系统的有序度$\delta \subset (0,1)$，有序度越接近1，表示经济的有序发展程度越高。由图1－1可以看出，乌大张地区子系统的有序度都呈上升趋势，说明乌兰察布市、大同市、张家口市的经济发展水平、经济效益及经济结构都随着时间的递增而朝着有序化方向发展。其中，张家口市有序化发展程度最高且呈持续平稳上升态势，近几年发展速度更快，原因可能是得益于京津冀一体化发展带来的协同效应；乌兰察布市有序化发展程度略高于大同市且呈现一定的波动性，在2013年和2014年间出现波动，说明其子系统内部要素的组合结构不稳定，子系统之间各要素有待于寻求最佳的稳定组合形式；大同市的有序化发展程度略低于乌兰察布市，呈现平稳增长趋势，近几年有序化发展程度趋缓，可能是由以煤炭为主的粗放型经济向旅游和能源型经济发展方式转变而引起的产业结构调整所导致。

表1-3 乌大张长城金三角合作区各子系统的有序度

地区＼年份	2009	2010	2011	2012	2013	2014	2015	2016	2017	2018
乌兰察布市	0	0.0871	0.2902	0.4788	0.7545	0.6309	0.7269	0.7657	0.7204	0.7574
大同市	0	0.1463	0.3048	0.4729	0.5854	0.6474	0.6673	0.6344	0.7941	0.9942
张家口市	0	0.1844	0.3567	0.5166	0.6111	0.6750	0.7243	0.8262	0.8845	0.9610

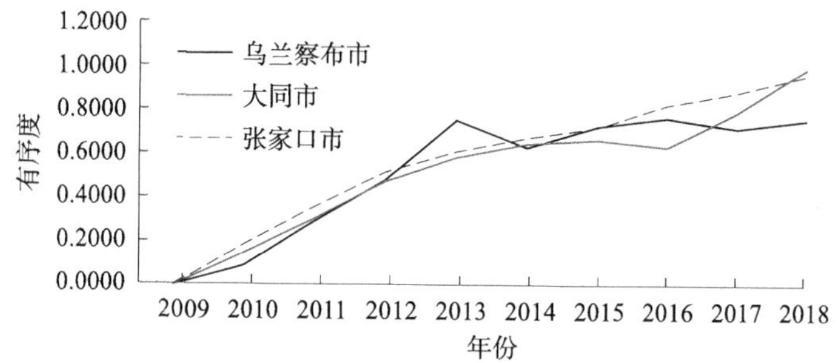

图1-1 乌大张长城金三角合作区各子系统的有序度

（4）乌大张长城金三角合作区复合系统协同度。通过文献分析，复合系统协同度的计算有两种运算标准，一种是以相同的 t_0 时刻为基期，如求2012年复合系统协同度的演变，就用2012年的系统有序度减去初始时刻2010年的系统有序度；另一种是以相邻的 t_0 时刻作为基期，用当年的系统有序度减去上一年的系统有序度。在上例中则分别用2012年的系统有序度减去2011年的系统有序度，用2011年的系统有序度减去2010年的系统有序度，以此类推。两种运算标准从不同角度诠释了复合系统协同度。本书统一将第一种方法求得的协同度称为相同基期协同度，用来测度复合系统长期的演变态势；将第二种方法求得的协同度称为相邻基期协同度，用来测度复合系统是否处于稳定的演变态势中。通过参考国际组织通用的复合系统协同度（SE）评价标准及文献分析，得到了相同基期协同度和相邻基期协同度的判断标准（见表1-4和表1-5）。

表1-4 复合系统相同基期协同度评价标准

协同度	$-1 \leq SE < 0$	$0 \leq SE < 0.4$	$0.4 \leq SE < 0.6$	$0.6 \leq SE < 0.8$	$0.8 \leq SE < 0.9$	$0.9 \leq SE < 1$
协同等级	严重不协同	不协同	轻度不协同	基本协同	良好协同	优质协同

表1－5　复合系统相邻基期协同度评价标准

协同度	－1≤SE＜0	0＜SE≤0.2	0.2＜SE≤0.6	0.6＜SE≤1
协同等级	非协同演变状态	低度协同演变	中度协同演变	高度协同演变

① 相同基期复合系统协同度。

将乌大张三市的子系统协同度运用相同基期的计算法则，得到相同基期条件下各子系统相互之间的协同度及乌大张的复合协同度（见表1－6）。表1－6显示，乌大张长城金三角合作区子系统相互之间和复合系统协同度在相同基期条件下长期的演变态势都呈显著上升趋势。按照表1－6的标准，张家口市与大同市、张家口市与乌兰察布市在2016年协同度分别为0.9114和0.9249，都达到了优秀协同；大同市与乌兰察布市、乌大张经济合作区2016年协同度分别为0.8594和0.8981，也达到了良好协同水平，说明三地间协同发展能力较强。从子系统协同度来看，张家口市与其他两地的协同发展水平较高，且张家口市本身的有序发展程度较高。可见，子系统的有序发展程度越高，复合系统的经济协同度就越高。发展趋势上（见图1－2），结合各子系统有序度的发展趋势，张家口市与乌兰察布市、大同市与乌兰察布市以及乌大张的复合协同度发展走势几乎一致，与乌兰察布市的有序度走势图一致，也在2013年和2014年间出现波动，但较乌兰察布市子系统的有序度而言波动更平缓；而大同市与张家口市的趋势图呈现平缓上升态势，与大同市的走势图呈现一致性，但较大同市的子系统有序度走势图更加陡峭，是张家口市和大同市协同作用下的结果，说明相同基期条件下复合系统的协同度与其子系统的有序发展水平具有相关性，是各子系统综合作用下的结果。

表1－6　乌大张相同基期协同度

相同基期协同度	2010年	2011年	2012年	2013年	2014年	2015年	2016年	2017年	2018年
大同市与张家口市	0.1642	0.3297	0.4943	0.5981	0.6611	0.6952	0.7240	0.0965	0.2203
大同市与乌兰察布市	0.1129	0.2974	0.4759	0.6646	0.6391	0.6965	0.6970	0.0851	0.0548
张家口市与乌兰察布市	0.1267	0.3217	0.0057	0.6790	0.6526	0.7256	0.7954	0.0514	0.0335
乌大张复合协同度	0.1329	0.3160	0.0168	0.6462	0.6509	0.7056	0.7376	0.0750	0.0740

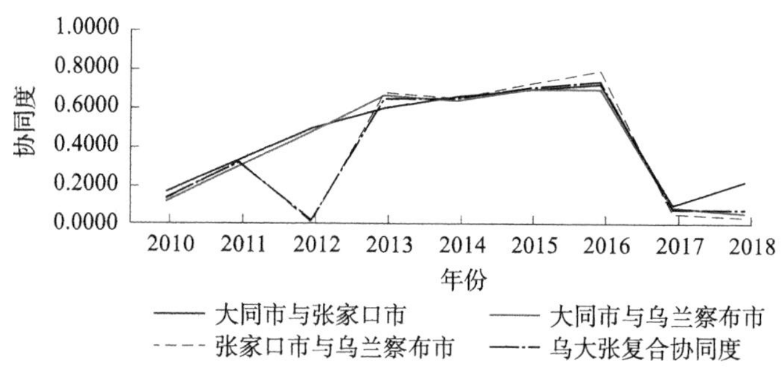

图1-2 乌大张相同基期协同度

②相邻基期复合系统协同度。

将乌大张三市的子系统协同度运用相邻基期的计算法可得到相邻基期条件下，各子系统相互之间的协同度及乌大张的复合协同度（见表1-7）。表1-7显示，从2010年到2016年，乌大张长城金三角合作区子系统相互之间和复合系统协同度在相邻基期条件下协同度都大于零。图1-3显示，相邻基期协同度一直处于波动中。结合表1-7的相邻基期协同度判断标准，说明复合系统一致处于稳定的低度协同演变状态中，乌大张地区的协同发展能力有待提高。对应图1-3可以看出，子系统有序度差异性越大的年份，复合系统相邻协同度越不稳定，呈现波动态势。实证研究的结果提供了一种对经济合作区协同管理效果的评价准则。要实现复合系统的协同发展，各子系统必须实现自身的有序发展和经济合作区内的一致性发展。

表1-7 乌大张相邻基期协同度

地区	2010年	2011年	2012年	2013年	2014年	2015年	2016年	2017年	2018年
大同市与张家口市	0.1642	0.1653	0.1640	0.1031	0.0630	0.0313	0.0579	0.0965	0.1237
大同市与乌兰察布市	0.1129	0.1794	0.1781	0.1761	0.0876	0.0437	0.0357	0.0851	0.0860
张家口市与乌兰察布市	0.1267	0.1871	0.1737	0.1614	0.0889	0.0688	0.0628	0.0514	0.0531
乌大张复合协同度	0.1329	0.0497	0.1718	0.1431	0.0788	0.0455	0.0507	0.0750	0.0823

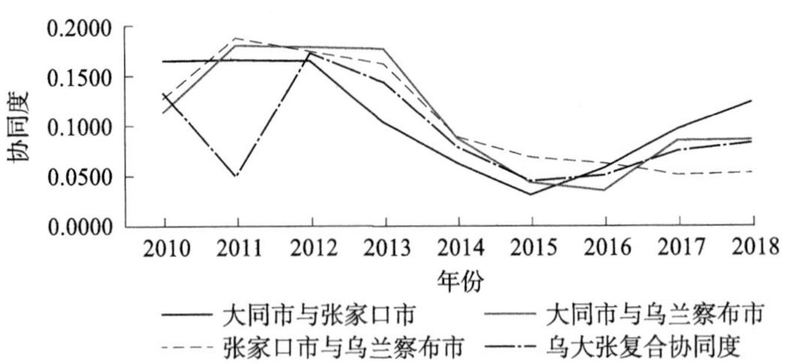

图1－3　乌大张相邻基期协同度

第2章　区域协同创新发展的理论基础

2.1　相关理论体系

按照协同学的视角，区域经济的协同发展其实是一个适用于协同理论的、复杂的开放系统。首先，区域经济合作区可以看作一个大的城市系统。它由多个城市组成，每个城市都有各自的经济要素，每个要素又嵌套多个次级要素。其次，区域经济合作区具备开放性条件，各地之间能够不断地接受各种信息，进行信息输入和输出，物质和能量的交换。再次，区域经济合作区内存在有序参数，合作区内部有大量子系统构成，这些子系统的大量参数互相作用使系统朝着有序化方向发展。最后，经济合作区内部远离平衡态，合作的同时存在竞争。因此，区域经济合作区要实现内部公共利益最大化，实现2+2>4的区域协同倍增效应，就需要认真分析合作区内各子系统、各要素，再借助系统的自组织原理将系统的协同效应最大化。本书对蒙晋冀（乌大张）长城金三角合作区经济协同发展机制的研究正是基于这样的理论基础。

协同（Synergy）的概念最早是由美国知名教授伊戈尔·安索夫（Igor Ansoff）在其论文 *Corporate strategy: An Analytic approach to business policy for growth and expansion* 中提出的。1971年，德国物理学家赫尔曼·哈肯（Hermann Haken）提出并创立了协同学。协同学理论最常见的研究模型是复合系统协同度模型。近年来，随着经济一体化和全球一体化的发展，复合系统协同度模型被应用在宏观、中观、微观等不同角度的领域中。本书做了如下梳理：在微观领域内，杨晓冬通过建立“商品住宅-城市”复合系统，研究城市协调发展对商品住宅价格的影响。潘娟、张玉喜运用协同机制原理分析构建了中国科技创新与科技金融制度复合系统协同度模型。在中观领域内，杨玄酯则构建复合系统协同度模型研究研发人员投入和科技产出。冯缨在研究信息环境、信息人、信息资源和信息技术这几个子系统间的相互作用力时构建了信息生态系统协同度模型。在宏观领域内，复合系统协同度模型较多的应用在跨区域研究中，巴拉斯（Balazs）等将复合系统模型结合熵统计学方法研究区域创新体系的协同作用。陈智国在京津冀跨区域产业集群协同的研究中，将整体的协同创新复合系统分为四个子系统，研究他们之间的协同关系。

2.2 相关概念的内涵界定

美国知名战略管理学教授伊戈尔·安索夫指出，多个主体在资源共享的基础上能够实现相互促进、互利共赢。1971 年，系统的协同学理论由德国物理学家哈肯提出，并且创立了协同学。协同学的核心概念主要有四个，即序参量、非线性作用、自组织和参量涨落。随着社会的发展，协同的概念在物理学之外的各个研究领域都得到了广泛的应用。虽然不同的学者对于协同研究的方法和侧重点各不相同，但对于协同的内涵，即“1 +1 >2”的理解是一致的。不同领域的学者都认识到了协同的重要价值，在各自的领域都引入协同的视角来分析问题。协同论着重探讨各种系统从无序变为有序时的相似性，研究其如何通过自己内部协同作用，自发地形成时间、空间和功能上的有序结构。

第3章　合作区概况

3.1　区域概况

3.1.1　乌兰察布市

乌兰察布，内蒙古自治区辖地级市，位于中国正北方，地处环渤海经济区内，在京津经济带与呼包经济带之间。它东邻首都北京，距河北省张家口市195公里，距北京市430公里；西接自治区首府，距呼和浩特市不到150公里，距包头市304公里；南倚山西省，距煤都大同市143公里；北与二连口岸相连，距二连浩特市347公里，并与蒙古国接壤。

乌兰察布市辖11个旗县市区，总面积5.45万平方公里，2017年末全市常住人口为210.25万人，是一个以蒙古族为主体、汉族居多数的少数民族地区，是我国北方古代文明的重要发祥地之一。

乌兰察布市区位优越。位于蒙晋冀三省交界处，地处京津冀经济圈、自治区沿黄沿线经济带和呼包鄂经济圈接合部。内蒙古自治区所辖12个盟市中，乌兰察布市是距首都北京最近的城市，是内蒙古自治区东进西出的“桥头堡”，北开南联的交会点，是进入东北、华北、西北三大经济圈的交通枢纽，也是中国通往蒙古国、俄罗斯和东欧的重要国际通道。

乌兰察布市交通便利。境内有110、208国道，G6、G7、G55、呼满省际大通道，呼兴运煤专线和准兴重载高速；京包、集二、集张、集通、丰准等铁路线纵横交错；通往法兰克福的国际货运列车“如意”号始发集宁，是通往蒙古、俄罗斯和欧盟的重要国际陆路通道；集呼包动车已经开通，京呼高铁正在建设之中，乌兰察布支线机场即将通航。

乌兰察布市旅游资源丰富。这里气候宜人，年平均气温一般在0～18℃之间，无霜期95～145天，气候冷凉，雨热同期，一天24小时如同开启着大自然的空调。它是距北京最近的草原旅游度假胜地，被中国气象学会命名为“中国草原避暑之都”，为全国唯一获此称号的地区。远古遗迹、森林湖泊、温泉火山、全类型草原遍布全境。

乌兰察布市科技实力雄厚。能源、高端化工、冶金、信息等工业主导产业不断壮大。千万千瓦级能源基地全面建成。氟化工、石墨碳素等产业处于全国领先水平，是全国重要的铁合金生产基地、石墨新材料产业基地、精细氟化工生产基地。华为公司云数据中心建成运营，华唐、软通动力、中信国安等一批云计算和云应用项目加快建设，北京至乌兰察布大容量专用光缆正在铺设，2020年云计算主营收入将超百亿元，届时会建成面向华北、服务京津的大数据云计算中心和“草原硅谷”。物流、旅游等现代服务业快速发展。相继建成了煤炭、马铃薯、皮革三个交易中心，成为全区现代物流业改革创新试点地区。医疗养老、体育健身、会展经济、金融信托等新兴服务业发展势头良好，新的经济增长极正在形成。

乌兰察布市经济发展迅速。2018年完成地区生产总值1043亿元，年增长率为5.5%；一般公共预算收入46.2亿元，年均增长7.2%。主要经济指标增速连续五年位居全区前列，经济发展步入了总量扩张、增速加快、质量效益同步提升的新阶段。

3.1.2 大同市

大同市是山西省省域副中心城市，山西省第二大城市，位于山西省北部大同盆地的中心、蒙晋冀三省区交界处、黄土高原东北边缘，东与河北省张家口市、保定市相接；西、南分别与省内朔州市、忻州市毗连；北隔长城与内蒙古自治区乌兰察布市接壤，实为全晋之屏障、北方之门户，且扼晋、冀、蒙之咽喉要道，是历代兵家必争之地，有“北方锁钥”之称。

大同市辖区总面积14176平方公里，辖4区7县，常住人口345.60万人

（2018 年）。全市辖左云、大同、阳高、天镇、浑源、广灵、灵丘 7 个县，城区和近郊划为城区、矿区、南郊区和新荣区，5 镇 22 乡、29 个街道办事处。2018 年完成地区生产总值 1271.8 亿元，比上年增长 6.8%，全市人均地区生产总值 36874 亿元，比上年增长 6.0%。

大同市是中国优秀旅游城市、国家园林城市。大同市有山有水，尤其以山多著称。五岳中的恒山，是塞外高原通向冀中平原之咽喉要冲，是儒释道三教同修的圣地。桑干河是大同的母亲河，自西流向东北横贯全市，为大同市典型的“北雄”特色平添一抹江南水秀。1991 年 5 月，国家旅游局公布大同市为首批中国国线景点旅游区之一。它是以云冈石窟为重点，名城大同市为中心的特色文化旅游区。区内有世界文化遗产一处，国家重点文物保护单位 27 处，其他各级文物保护单位 300 余处。其中居全国“文物之最”就有 7 处——云冈石窟为我国现存规模最大的石窟群，被联合国教科文组织定为世界文化遗产；上华严寺大雄宝殿，建筑面积之宏伟，殿顶鸱吻之高大，为全国佛寺之最；下华严寺天宫楼雕塑艺术，堪称辽金时期的“海内孤品”；善化寺是我国现存最完整的辽金寺院；九龙壁是我国建筑最早、规模最大、保存最好的龙壁；悬空寺是我国唯一的高空绝壁建筑，也是我国罕见的佛、道、儒三教合一的寺庙；雁塔为国内建筑史上罕见的城墙上八角七级空心砖质瞭望塔。

大同市是中国最大的煤炭能源基地之一，国家重化工能源基地，神府、准格尔新兴能源区与京津唐发达工业区的中点。素有“凤凰城”和“中国煤都”之称。大同市煤炭储量丰富，是世界著名的工业优质动力燃料，被称为“工业精粉”。

大同市草地面积广阔，野生植物种类众多，仅经济价值较高的就有 736 种；野生动物 215 种，占山西全省种数的 53.2%。其中黑鹳、天鹅等 26 种列入国家级保护动物。大同的铜器、恒山黄芪、黄花、皮毛等都是有名的土特产。大同的戏剧“耍孩儿”“罗罗腔”、广灵的染色剪纸等都属于国家非物质文化遗产。

3.1.3 张家口市

张家口市，河北省辖地级市，位于河北省西北部，是冀西北地区的中心城市，连接京津、沟通晋蒙的交通枢纽。张家口市是京津冀（环渤海）经济圈和冀晋蒙（外长城）经济圈的交会点，地处京、冀、晋、蒙四省市区交界处，东靠河北省承德市，东南毗连北京市，南邻河北省保定市，西、西南与山西省接壤，北、西北与内蒙古自治区交界。市区距首都北京仅 180 公里，距天津港 340 公里。

全市总面积 3.68 万平方公里，辖 10 个县 6 个区，2018 年常住人口 443.4 万人。2018 年张家口市实现生产总值 1536.6 亿元，人均生产总值达 34661 元。其概况如下：

（1）自然资源富集。全市发现矿产 97 种，探明资源储量的矿产有 33 种；风能资源丰富，储量超过 2000 万千瓦以上，成为全国首个获准建设双百万千瓦级风电基地的地区；地热资源丰富，其中赤城温泉、怀来地热国内闻名。张家口市自然风光独特，不仅有北国的雄浑，更具南国的秀美，气候四季分明，春赏花、夏避暑、秋观景。特别到了冬季，以崇礼、赤城为代表的坝上与坝下过渡地带，降雪量达 1 米以上，存雪期长达 150 多天，地形坡度多在 5～35°，并且风速仅为 2 级，平均气温为 -12℃，是华北地区最大的天然滑雪场，被誉为“东方达沃斯”。

（2）特色农产品富集。该区气候冷凉，昼夜温差大，光照充足。特殊的自然气候和地理条件使该区成为中国北方重要的优质特色农产品生产基地。张家口确立要实现绿色崛起，打造“健康张家口”的城市品牌。总体目标是建设“六区”，即把张家口建设成为北京城市功能疏解区、产业转移承接区、高新技术成果转化区、休闲旅游养生区、绿色农产品供应区和生态涵养保护区，形成首都经济圈新的经济增长极。其中绿色农产品供应区，以知名农业龙头企业为依托，坝上以蔬菜、乳制品、肉制品加工为主，坝下以杂粮、葡萄、杏扁等特色农产品及其深加工为主，打造京津有机食品直供基地和高端精深加工产业❶。

（3）区位交通优越。目前全市高速公路通车里程达 808 公里，居全国前

❶ 刘金花，马福婷．京津冀协同发展背景下张家口特色农产品品牌建设分析：基于 SWOT－PEST 模式［J］．经济研究导刊，2015（1）67－73.

列；铁路通车里程623公里，京张高铁建成通车后，张家口市将融入“首都一小时生活圈”；军民两用机场已开通运营。现代化立体交通网，使张家口市成为连接京津冀蒙的交通枢纽城市。

（4）历史文化悠久。张家口是现有长城最多、时代跨度最大的地区，素有“长城博物馆”的美称。万里长城的重要关口——大境门，不仅有着“扼边关之锁钥”的巍然气势，更见证了蒙汉两族人民互市的繁华，与“丝绸之路”媲美的“张库大道”就从这里开始。大境门现已成为张家口的象征，门楣上书写的“大好河山”四个苍劲有力的颜体大字，亦成为张家口市的城市名片。

改革开放以来特别是近5年来，市委、市政府团结带领全市人民，立足市情实际，提出以科学发展为主题，以转变方式为主线，围绕科学发展、跨越赶超的总体要求，坚持“开放创新、全民创业、特色创优、富民强市”的发展思路，把握“把劣势转化为优势，把优势发挥到极致”的理念，全力发展“4+3”现代产业，把打造“京冀晋蒙交界区域中心城市”作为重要的发展目标。

张家口市进入了历史上发展最快，最好的时期。综合实力明显增强，全市生产总值连续五年高速增长，年均增速达到11.5%，规模以上工业企业主营业务收入突破千亿元大关，拥有宣钢、张烟、张煤机等一批知名企业，涌现出“宣工”“钻石”“盛华”等中国名牌和驰名商标。结构调整成效明显。张家口旅游服务业快速兴起，叫响了“大好河山张家口”形象品牌，全面推进葡萄（酒）品游、滑雪温泉、草原风情、民俗精品、历史文化等五个旅游大区建设；新型能源产业发展迅速，风电装机和并网容量居全国地级市第二位；改造提升装备制造业，推进了中高端汽车、煤矿机械、工程机械、地勘机械等高端装备制造业发展，先进机械装备制造基地初具规模，做大做强食品加工业，培强蔬菜、乳业、葡萄、马铃薯、杂谷等产业化龙头企业，有效提升了农产品生产加工水平。

城乡面貌日新月异，按照“河为脉、山为骨、绿为体、文为魂”的绿化建设思路，成功创建国家园林城市，城镇化率达到47.5%；开放开发步伐加快，与国字头、央字号企业集团的合作得到进一步巩固扩大，与港台、沿海和京津地区的对接得到全面深化；金融环境不断改善，连续四年被评为“全省金融生态城市”，并先后获得“中国金融生态城市”“中国最佳投资环境城市”称号。

2013年11月，经党中央、国务院批准，中国奥委会正式同意北京市和张家口市一同申办2022年冬奥会，并以北京市的名义向国际奥委会提出申办申请。如今，“塞外明珠”张家口市正以其与日俱增的独特魅力和迅猛的发展势头，再向世人展现经济强市、文化名城的雄风。

3.2 合作背景

内蒙古自治区乌兰察布市、山西省大同市、河北省张家口市历史上均属于察哈尔省，三个城市山水相连、血脉相通、生态相同、习俗相近、商旅相通、产业互补，历来保持着密切的经济贸易关系，同属于一个生态圈、文化圈和经济圈。❶ 特殊的历史背景和民族构成使三个城市拥有着相似的文化特征，人们的价值观也相近，这就使蒙晋冀（乌大张）长城金三角区域合作模式的构建有了深厚的现实基础。

乌大张位于蒙晋冀三省的交会处，交通发达，地理位置得天独厚。三个城市由于地理环境和资源特点，清洁能源、农产品加工、旅游贸易都较为发达。三地矿产资源丰富，乌兰察布是我国“西电东送”的必经之路，已经被国家列入区域承接产业转移规划中；大同盛产煤炭，加快了煤炭产业升级的步伐；张家口承担着电力输送任务，旅游资源丰富，产业升级指日可待。❷

乌大张合作区建设的目标是实现区域内资源优化配置、产业合理分工、生态环境安全良好，增强区域内可持续发展的创新能力与综合实力，形成高效联动、各具特色、协调发展的经济社会合作体，更好地服务首都经济圈，探索沿海省份、内陆省份与边疆民族自治地区开展多边区域合作模式，积极开展一体化制度创新，示范引领跨行政区域协调发展，促进各民族共同团结奋斗，繁荣

---

❶ 李俊，白延辉，陈小明．建设蒙晋冀（乌大张）生态经济区的政策保障［J］．前沿，2017：40－43.

❷ 靳舍．新媒体时代“乌大张”城市联合形象品牌传播研究［J］．新闻研究，2016：42.

发展。

随着我国京津冀一体化步伐的加快，环渤海经济圈已逐渐建立，乌大张也在这个经济圈的边缘。由于地理位置近，城市有着相似的产业结构，乌大张合作区的建设有了更为坚实的基础。因此，借助各省资源，依托城市力量，借势发展、互补共赢是乌大张今后的发展方向。❶

自“蒙晋冀（乌大张）长城金三角合作区建设协议”签署以来，乌兰察布、大同、张家口这三座经济相容、产业互补的城市正式构建起了我国首个横跨三大经济板块的区域合作平台。从三市的产业结构与能源储备情况来看，乌兰察布市是“西电东送”的重要枢纽，承载着能源输出的重任；大同市作为久负盛名的“中国煤都”，是煤炭输出的主要基地之一；张家口市以发展“华北电力负荷中心”的任务为己任。三市在能源产业链上形成了有机整体，缺一不可。❷

乌大张合作区建设以来，三市在基础设施、产业合作、旅游商贸、生态安全、文化体育、社会事业等领域开展点、线、面的密切互动，不断深化各层面的合作，在规划和推进发展过程中紧紧围绕京津冀协同发展战略、“一带一路”建设战略和扶贫攻坚国家战略，顺应经济发展新常态的时代要求，推动区域协同发展，共创“和谐乌大张、绿色乌大张、开放乌大张”。

但是由于城市自身历史、自然、资源、文化、经济等发展潜力的有限性，限制了乌大张城市的整体发展步伐与节奏。因此，如何充分利用自身优势，扎实推进并加强乌大张城市群之间的经济、旅游、文化、教育、服务等方面的长期区域交流与合作，实现区域共享经济的良性发展模式，探索城市社会经济发展中的新的区域合作经济经济增长点，共同推进区域经济的共赢合作，实现经济的稳定繁荣发展，是乌大张当前与未来区域经济合作的重点。❸

---

❶ 靳舍．新媒体时代“乌大张”城市联合形象品牌传播研究［J］．新闻研究，2016：42.

❷ 尚好，王猛．“统筹协进”在低碳经济背景下区域合作中的运用——以乌大张长城金三角合作区为例［J］．中国商论，2018：125－128.

❸ 赵永峰，郑慧．乌大张城市化、社会经济与生态环境耦合协调发展的研究［J］．安徽农学通报，2018，24（14）：150－153.

3.3 建设合作区的重要意义

乌兰察布市和大同市、张家口市构建蒙晋冀（乌大张）长城金三角区域经济合作，以重点建设物流基地、商贸基地、生产加工基地和信息中心为发展目标，带动蒙晋冀长城金三角文化交流和文化产业互动的建设与发展。乌大张合作区域文化交流与合作，是经济新常态下发展的创新之举，也是顺应区域经济一体化发展趋势的选择，符合三地人民的根本利益，有利于合作区的发展、稳定与繁荣，发展的机遇前所未有。

在经济全球化背景下，要素集聚已经成为一种经济发展趋势。要素流动是经济全球化的重要特征，而要素集聚是继世界经济中心外围结构、产业的垂直分工和水平分工后形成的新的历史阶段。绿色经济的观念深入人心，环境要素逐渐被纳入经济发展中，要素聚集逐渐成为区域经济可持续发展的重要途径。书中探讨了环境约束下区域经济发展与要素集聚的关系，并详细阐述了要素集聚与区域经济可持续发展的内生机制。在结合我国当前经济发展现状的基础上，提出了要素集聚对区域经济可持续发展的若干协调路径。

3.3.1 组团融入京津冀、互通互补共发展

推动京津冀协同发展的指导思想指出，以有序疏解北京非首都功能、解决北京“大城市病”为基本出发点，坚持问题导向，坚持重点突破，坚持改革创新，立足各自比较优势、立足现代产业分工要求、立足区域优势互补原则和合作共赢理念，以资源环境承载能力为基础、以京津冀城市群建设为载体、以优化区域分工和产业布局为重点、以资源要素空间统筹规划利用为主线、以构建长效体制机制为抓手，着力调整优化经济结构和空间结构，着力构建现代化交通网络系统，着力扩大环境容量生态空间，着力推进产业升级转移，着力推动公共服务共建共享，着力加快市场一体化进程，加快打造现代化新型首都圈，努力形成京津冀目标同向、措施一体、优势互补、互利共赢的协同发展新格局，打造中国经济发展新的支撑带。

“十三五”规划建议提出，京津冀协同发展要优化城市空间布局和产业结

构，有序疏解北京非首都功能，推进交通一体化，扩大环境容量和生态空间，探索人口经济密集地区，优化开发新模式。2015年，京津冀协同发展，努力推动三地"一张图"规划、"一盘棋"建设、"一体化"发展，在交通一体化、生态环境、产业对接三个重点领域率先突破。

交通一体化方面，京津冀三地与铁总共同出资成立京津冀城际铁路投资公司，编制了"城际铁路网规划（2015—2030年）"。三地谋划了10条高速铁路和城际列车，已经打通了京昆、京台等多条高速公路及一批省内干线、农村公路"断头路""瓶颈路"。保津、张唐铁路于2015年通车。京津城际延伸至滨海新区中心商务区，从北京南站到于家堡站，只需1个小时。津保铁路于2015年底通车，天津到保定只需40分钟，且与京广高铁连通；天津到石家庄从目前的4个多小时缩短到1个半小时。京滨城际、京唐高铁2015年底率先在天津宝坻站开工，整个线路正线工程于2016年12月29日正式宣告开工。

港口方面，成立了渤海津冀港口投资公司，在北京和河北设立了10个无水港。机场方面，北京新机场开工建设，天津民航今年年底在京津冀地区将建成20座城市候机楼，推出空铁联运、陆空联运等多项服务。天津机场全年旅客吞吐量有望超过1400万人次，其中增加的客流绝大部分来自河北和北京。通关一体化改革深化，已有超过85%的北京企业选择以京津冀跨关区一体化方式通关。天津经北京空运进口货物通关时间、北京经天津海运进口货物通关时间和运输成本均节省近三成。

产业对接协作方面，财政部和税务总局制定了《京津冀协同发展产业转移对接企业税收收入分享办法》。2019年10月25日，北京企业在天津投资项目27个，到位资金59.84亿元；在河北投资项目25个，到位资金89.28亿元。

北京与河北共建曹妃甸协同发展示范区，设立了200亿元的首钢京冀协同发展投资基金，20多家北京企业到曹妃甸落户发展。北京现代第四工厂落户河北沧州并于2019年4月开工建设，进一步推动中关村示范区、亦庄开发区与津冀合作共建大数据走廊、保定中关村创新中心等科技园区的建设，加快打造跨京津冀科技创新园区链，促进三地创新链、产业链、资金链、政策链、服务链深度融合。

生态方面，深入实施京津冀大气污染联防联控。《京津冀及周边地区（2019—2020年）秋冬季大气污染综合治理攻坚行动方案》（以下简称《方案》）提出，京津冀及周边地区全面完成2019年环境空气质量改善目标，协同控制温室气体排放，秋冬季期间（2019年10月1日至2020年3月31日）PM2.5平均浓度同比下降4%，重度及以上污染天数同比减少6%。

基于首都实情，北京行政副中心建设建议抓好以下两个方面：

一方面，严控增量。在全国率先制定了新增产业的禁止和限制目录。全市禁限比例达55%，城六区禁限比例达79%。全市不予办理的工商登记业务累计12300件。另一方面，疏解存量。出台了全国力度最大的差别水价和全国最严的差别电价政策，运用经济手段推动疏解。

北京持续推进有序疏解北京非首都功能、优化提升北京核心功能、解决北京大城市病这三大重点任务，同时加快北京市行政副中心通州区的建设，有序把北京的市属行政事业单位部分或全部搬到北京市行政副中心。北京市委、市人大、市政府、市政协四大机构将带头疏解。如何把北京市行政副中心建设好，北京市将重点把握四个方面：

一是搞好功能定位。我们把市行政副中心定位为行政办公、文化旅游、商务服务。这个定位必须明确，功能也不能太多。

二是做好科学规划。牢牢抓住“三块地”：生态环境用地、居住生活用地、产业发展用地。这三块地要牢牢地抓在政府的手上，真正做到心中有规划、手中有土地、发展有政策。

三是控制好人口规模。截至2018年末，通州的户籍人口是78.7万。[1]我们将最终规划的人口限制在200万以内，严格控制房地产开发，严格做到职住平衡。

四是依法管理城市。市行政副中心决不能出现新的大城市病。城市的基础设施建设必须高标准，依法管理必须是严而又严，真正做到服务首都工作，连接京津冀发展。

铁路项目方面，呼和浩特至张家口高铁正在进行联调联试；赤峰至京沈高

---

[1] 资源来源于2018年通州区国民经济和社会发展统计公报。

铁连接线项目建设有序推进，计划 2020 年建成通车。此外，集宁至大同至原平高铁、包头至银川高铁（含巴彦浩特至银川支线）项目已完成可研审查，集通铁路电气化工程正在履行初设批复程序，锡林浩特至太子城快速铁路项目可研报告拟于近期报国家发改委审批。包头至榆林、齐齐哈尔至海拉尔至满洲里 2 个高铁项目均已列入了国家《中长期铁路网规划》，争取“十四五”时期开工建设。

构建蒙晋冀（乌大张）长城金三角文化交流合作机制，有利于推进内蒙古与山西、河北深层次的文化交流合作和产业互动全面发展。在经济全球化、区域化的进程中，文化产业创造所占的生产总值比重越来越大，文化已成为衡量国家或地区综合实力的重要指标，也成为各区域间经济活动的桥梁或媒介。

从全球范围看，文化产业作为 21 世纪的朝阳产业得到各国政府的高度重视。在发达国家，文化产业的崛起，创造了许多工业时代预想不到的奇迹：美国文化产业产值在社会各行业中名列前茅；英国文化产业的年产值近 600 亿英镑；日本文化产业的年产值超过汽车工业。西方发达国家居民文化消费占总消费额的 30% 以上。2007 年，中国经济总量超越德国，成为世界第三大经济体；2010 年，中国经济总量又超越日本，成为世界第二大经济体；2014 年 10 月，国际货币基金组织根据购买力评价计算，中国经济总量已经超越美国。但我们的总体实力依然落后于发达国家。我国与西方发达国家最大的差距不是经济总量，也不是科学技术、各类人才和军事实力，而是以文化为核心的各种软力量和创新能力，包括如创建孔子学院的文化传播与文化输出、体现中华文化的大国形象和外交、充满民族智慧和国家意识的文化产业与文化产品等。在信息化飞速发展的时代，这种文化的软力量在综合国力结构中比经济指标、军事实力更为重要，建设蒙晋冀（乌大张）长城金三角区域经济合作机制，不能忽略这种软力量。同属经济欠发达地区的乌兰察布市、大同市和张家口市，地域相连，人文相近，商贸互通，文化上有着共通的历史渊源和价值观。三地地域文化和民族文化不仅独具特色、丰富多彩，而且还拥有潜力巨大、极具增长动能

的文化产业制造和消费空间。❶

乌大张区域内的基础设施建设正逐渐拉开。实施长城金三角区域合作，打造三省区交界区域经济社会协同发展的合作开放平台，组团融入京津冀协同发展，是三省区主动实施国家区域合作战略的重大举措，是三地实现合作共赢的迫切需要，也是优化区域发展布局的有效途径。乌大张合作区是我国首个横跨东中西三大经济板块的区域合作平台，是沿海省份、内陆省份与边疆民族自治区开展多边区域合作新范式的探索，是不同政策资源、环境资源之间开展的一次重大的创新性区域合作。三地积极协作，共同努力推动蒙晋冀（乌大张）长城金三角合作区建设取得实质性进展。

京津冀地区同属京畿重地，战略地位十分重要。当前区域总人口已超过1亿，面临着生态环境持续恶化、城镇体系发展失衡、区域与城乡发展差距不断扩大等突出问题。实现京津冀协同发展、创新驱动，推进区域发展体制机制创新，是面向未来打造新型首都经济圈、实现国家发展战略的需要。京津冀空间协同发展、城镇化健康发展对于全国城镇群地区可持续发展具有重要示范意义。为响应国家推进京津冀协同发展的要求，参加两市一省规划学（协）会和城市科学研究会、规划设计院与中国城市规划设计研究院在京联合召开的“京津冀空间协同发展论坛”与会者，就京津冀地区的协同发展与区域治理达成共识。

（1）坚持以生态优先为前提，推进产业结构调整，建设绿色、可持续的人居环境。以区域资源环境，特别是水资源、大气环境承载力等为约束，严格划定保障区域可持续发展的生态红线，明确城镇发展边界，合作推进“环首都国家公园”和区域性生态廊道建设。提高城镇的用地集约利用效率，实现“存量挖潜、增量提质”，构建生态、生产、生活相协调的城乡空间格局。加强城乡地域特点和人文特色塑造，保护传统村落，共同构建区域文化网络体系。

（2）坚持区域一体、协同发展的原则，谋求城镇体系、区域空间、重大

---

❶ 李俊，陈小明．蒙晋冀（乌大张）长城金三角文化交流与文化产业互动探微［J］．前沿，2016：16－22.

基础设施的协同发展与布局。促进城镇功能合理分工，优化城镇规模结构，着力培育区域次中心城市和沿海新开发地区。强化京津高端服务功能合作对接，京津冀共同构筑面向国际的开放平台。加快建立“网络化、低碳化、安全化”的区域交通运输体系，提升天津、石家庄等中心城市的客货运枢纽地位，与北京共同构筑国际门户和国家综合交通枢纽。促进京津冀地区各机场之间的分工协作，立足北京新机场建设服务于区域的立体交通运输体系与国际物流基地。着重完善互联互通的城际轨道网。

（3）破除阻碍区域人口和要素自由流动的体制壁垒和制度障碍，促进多种形式的跨地区合作。重点加强创新、文化、教育、医疗、旅游等的跨区域合作交流，推进多种形式的经贸合作。通过区域治理创新，促进共建共享，建立区域竞合发展的良性格局，提升区域整体竞争力。京津冀应合作开展支持冀中南地区、张承地区绿色转型发展的研究。

（4）建立跨区域规划的编制与实施工作的新体制、新机制。充分发挥京津冀空间协同发展规划的综合协调平台作用，开展专项规划对接，加强重大空间布局问题的协商沟通。充分利用区域内智力资源密集的优势，以京津冀的协同发展为目标，大力推进城镇群发展理论与规划实践的创新。

3.3.2　乌大张一体化发展重在协同

为响应中央关于京津冀协同发展的指示精神，北京城市科学研究会和北京城市规划学会举办了“2014京津冀空间协同发展论坛学术研讨会”。来自住房城乡建设部、中国城市规划学会、京津冀三地规划设计部门的领导、专家、学者等参加论坛。与会人士围绕京津冀空间协同规划布局的思考、区域生态问题与城乡规划的作用、中国视角下的京津冀人口密度与空气质量、世界城市发展经验借鉴以及尊重各区域立体地位的协同规划编制与实施。[1]

建立蒙晋冀（乌大张）长城“金三角”区域合作机制，打造三省区交界处区域经济协同发展的开放合作平台，对于促进三地实现优势互补、良性互动、共赢发展，组团融入京津冀协同发展具有重大意义。

---

[1] 金香梅. 京津冀一体化发展：重在协同［J］. 城乡建设，2014（8）：23-24.

蒙晋冀（乌大张）长城金三角区域合作的提出，让乌兰察布市从经济版图的边缘走出，成为经济新常态下地区经济新的发展点、内蒙古主动融入京津冀协同发展的“桥头堡”以及“一带一路”发展战略建设中蒙俄经济走廊建设的开放前沿，成为连接京津冀协同发展建设与呼包银榆经济区建设的重要节点和纽带。乌兰察布市与大同市、张家口市的文化渊源深厚，有着天然和谐的交流合作基础。三地积极开展文化交流和文化产业互动，增进区域内历史文化和当代文化的相互认同，共同推动区域经济的合作与发展，把蒙晋冀（乌大张）长城金三角建设成内蒙古、山西、河北相互交流、合作的窗口和平台，为内蒙古与山西、河北在更多层面的合作创造浓郁的文化氛围，这对于促进蒙晋冀（乌大张）长城金三角合作区经济、社会的全面发展起到了十分重要的作用。

（1）加强区域合作，是深入实施国家区域发展总体战略，组团融入京津冀协同发展的战略选择。

目前，乌大张地区正面临着前所未有的重大发展机遇。一是国家正在组织编制京津冀协同发展规划和环渤海地区发展规划。张家口市属于京津冀地区，乌兰察布市、大同市和张家口市同属于环渤海地区，三市单独融入两大规划，在总量、结构、功能等方面都不具备显著优势，但通过区域协作，则可以争取到更加有利的分工地位。二是目前张家口将和北京市联合承办 2022 年冬奥会，乌兰察布市和大同市作为近邻的地区，可以利用冬奥会带来的基础设施建设、人员往来和社会保障等方面的机会，为张家口市承办冬奥会提供保障，实现共同发展。

（2）加强区域合作，是贯彻落实“8337”发展思路，打造内陆开放的新高地、充满活力的沿边开放开发经济带的具体举措。

深入落实党的十八大和十九届四中全会精神，加强区域合作、融入京津冀协同发展，是打造自治区对接京津冀桥头堡的战略举措，是京津冀转型发展、加快发展的现实需要，也是贯彻落实《环渤海经济发展纲要规划》和我区与晋、冀、京、津等省市签署区域合作框架协议的具体行动。

（3）加强区域合作，是优化和完善自治区区域经济发展布局的现实途径。

乌兰察布市既是“呼包鄂”重要的功能区之一，也是沿黄河沿交通干线经济带的重要组成部分，但总体来看，乌兰察布市处于边缘地带和被辐射的地区；从战略梯度和现实梯度来看，都处于较低梯度的区域。同时，乌兰察布市位于自治区中部，对于实现内蒙古自治区东、中、西部均衡发展具有较强的战略意义。通过与相邻地区的跨区域合作，引导生产要素合理流动，集中集聚集约发展，增强乌兰察布市发展活力，有利于培育自治区新的经济增长极，进一步优化和完善自治区的区域发展布局，形成自治区东、中、西部协调发展的新格局。

（4）加强区域合作，组团打造区域经济升级版的重要平台。

三地同属能源矿产品富集区、生态功能区、国家贫困地区和少数民族地区。大同市是历史文化名城，拥有先进的制造业；张家口市在制造业和农业方面，特别是 2022 年冬奥会方面具有不可比拟的优势；乌兰察布市享受国家西部大开发、振兴东北老工业基地、《国务院关于进一步促进内蒙古经济社会又好又快发展的若干意见》（国发〔2011〕21 号）等优惠政策，具有环境约束较为宽松，土地供应充足且价格较低，电力供应充裕且价格低廉等诸多发展优势。在新的起点上，三市扬长避短，整合优势，抱团发展，举全力打造区域经济升级版。

（5）加强区域合作，是后发地区创新跨行政区域合作模式的积极尝试，是解放思想、扩大开放，加快发展的必由之路。

乌兰察布市、大同市、张家口市属于三省区乃至全国的相对欠发达地区。推进乌大张区域合作，通过打破行政区划局限，在区域内选择重点领域，大胆先行先试，创新合作模式，建立利益共享分配机制，有利于在国家、各省区层面探索后发地区区域合作发展的有效途径。

（6）加强区域合作，有利于加快推进乌大张区域经济合作的建设与繁荣。

促进经贸合作规模和领域的大幅度扩展，进一步加强区域性物流业和电子商务平台的建立，促进区域交通网络建设合作，加强区域金融合作和区域性信息交流合作，拓展内蒙古与京津冀的合作平台。

（7）加强区域合作，有利于全面推动乌大张区域文化交流合作和文化产业互动。

乌兰察布市把文化产业的发展作为新常态下经济发展的重要新兴产业。这不仅是地区发展第三产业新的经济增长方式，也是“一带一路”发展战略下，加强中蒙俄文化交流合作的重要空间载体和实施平台，有利于推进蒙晋冀（乌大张）长城金三角合作区文化交流与文化产业互动。从乌兰察布市与大同市、张家口市的历史和文化出发，搭建蒙晋冀长城金三角文化交流合作的平台，增进乌兰察布市与大同市、张家口市地区间的文化认同，有助于推动区域内文化交流和文化产业的发展。三地有着巨大的合作空间和发展潜力，凭借京津冀协同发展、呼包银榆经济区建设平台，围绕蒙晋冀长城金三角区域合作建设，培育具有地域特色和民族特色的文化产业，推动具有文化内涵的多边新媒体产业协作、影视制作、图书音像出版和旅游、体育等产业领域的发展。

（8）加强区域合作，有利于树立乌大张三地经贸、文化品牌的认同感，提高信任度。

提高本区域品牌在更大范围内的竞争力。蒙晋冀（乌大张）长城金三角区域合作的建设对于展示三地丰厚独特的文化资源和文化成果，相互学习和借鉴对方文化产业先进的模式和发展经验，打造本地区经济、文化的知名品牌，提高品牌的认同感和信任度，增强品牌在更大范围的竞争力，都有着现实意义。

现代社会，品牌的创造和不断创新引领着社会生产和消费时尚。品牌就是生产力，品牌就是市场。而文化元素和文化功能在各类品牌产品中的展示和强化，也体现了现代文明与工业生产的融合，这使得品牌从普通制造中凸显出来，成为社会生产的方向和社会消费的时尚。从文化的内涵上看，无论是工业产品，还是文化产品；无论是国内，还是国外，不同民族、不同地区的文化元素都被凝结在品牌的生产与消费的全过程中，这也彰显了民族与地域文化通过品牌所创造的传播力和感染力，彰显了品牌所属背景文化的辐射力和影响力。市场对品牌的设计和创造，消费者对品牌的接受和认同，都与创造和消费品牌的民族文化、地域文化的竞争力有密切关联。如工业品牌的制造强国德国，文化品牌制造强国美国，西门子、好莱坞这样的大品牌家喻户晓。打文化牌，通过民族、地域、历史文化影响力扩大品牌的知名度和市场占有率，是当今各国政府和企业时兴的做法。比如英国近年来为改变古老保守形象，在世界各地举办一系列“创意英国”活动，就是在通过文化及其文化消费品来提升国家的文化影响力、竞争力，提升国家文化形象。

因此，利用“一带一路”建设、京津冀协同发展和蒙晋冀（乌大张）长城金三角区域合作的机遇，通过大力发展乌兰察布市、大同市、张家口市的区域新兴文化产业，依靠文化交流推动三地经贸和文化的知名品牌建设战略，让民族和地域文化、高科技和高品质成为区域知名品牌建设的核心，依托乌兰察布 – 大同 – 张家口区域内拥有的一千多万消费者市场和京津冀、俄蒙欧巨大的潜在市场，培育三地的知名品牌和消费市场，树立消费三地知名品牌的观念，使三地的地域产品从普通制造向拥有自主知识产权的品牌产品发展壮大，借助文化的力量立足蒙晋冀、京津冀乃至更广阔的市场。

（9）加强区域合作，有利于加快推进北疆生态建设和乌兰察布现代宜居城市建设。城镇化是加快城市发展和经济持续发展的核心战略，生态保护和人居环境改善应该是建设区域性城市的重要组成部分，也是内蒙古实现祖国北部边陲重要保护屏障的重要内容之一。

2015 年以来，乌兰察布市全面开展创建“全国文明城市”“国家园林城市”“国家卫生城市”“国家食品安全城市”“国家环保模范城市”活动，在生态和城市建设方面取得了较为突出的成绩。中心城区建设和绿化得到普遍认可，2012 年获自治区“园林城市”荣誉称号，2015 年获“中国草原避暑之都”荣誉称号、入选国家“园林城市”拟命名公示名单，为蒙晋冀（乌大张）区域协作奠定了良好的基础。文化是城市的符号，在打造和宣传避暑胜地、旅游胜地的过程中，要充分利用“三地”全方位的合作，建设区域中心城市和重点城镇，重视推进城市文化基础设施建设，加快建设具有高品位、宽内涵的现代宜居城市步伐。

（10）加强区域合作，是加快乌兰察布文化体制改革向纵深发展的驱动力。

加快推进乌兰察布市、大同市、张家口市三地文化交流和文化产业互动，促进三地文化体制改革发展走向深入，依赖于三地经济、文化、生态和社会的协调发展。内蒙古自治区文化体制改革经过多年的努力，进展顺利。但是，由于多方面的原因，文化体制改革在许多地区仍在不同程度上存在着观念落后、人才缺乏、文化产业发展滞后等问题。

因而，面临京津冀经济协同发展、呼包银榆经济区建设与蒙晋冀（乌大张）长城金三角区域合作带来的机遇，乌兰察布市必须调整文化产业政策，改革文化体制，充分发挥在蒙晋冀和京津冀中的区位优势，努力发掘文化资源，开展文化交流，发展新兴文化产业，建立适应市场经济体制要求的文化产业发展机制，推动区域文化及其产业实现跨越式发展，走出一条民族地区文化发展的创新之路。

蒙晋冀（乌大张）长城金三角是一个拥有40多个民族、1087万消费者、区域面积10.6万平方公里、共辖42个旗县市区的合作市场。虽然区域内语言、风俗、礼仪、信仰相近，但由于行政区域管理等方面的原因，生活方式、消费喜好、文化教育等也千差万别，这对经济形态的培育，对各类企业在争取市场、占领市场，特别是在决策、设计、生产、经营等方面影响非同一般。因此，蒙晋冀（乌大张）长城金三角合作区的建设与繁荣，不仅需要三地及所属省区和国家的政策来扶持，还需要三地及所属省区经济的力量来推动，更需要文化的力量来涵养、文化产业的互动来推进。

乌兰察布市与大同市、张家口市的文化渊源深厚，有着天然和谐的交流合作基础。三地积极开展文化交流和文化产业互动，增进区域内历史文化和当代文化的相互认同，共同推动区域经济的合作与发展，把蒙晋冀（乌大张）长城金三角合作区建设成内蒙古和山西、河北相互交流、合作的窗口和平台，为内蒙古与山西、河北在更多层面的合作创造浓郁的文化氛围，这对于提升蒙晋冀（乌大张）长城金三角合作区经济、社会的全面发展将起到十分重要的作用。❶

---

❶ 李俊，陈小明. 蒙晋冀（乌大张）长城金三角文化交流与文化产业互动探微［J］. 前沿，2016（2）.

第4章　合作区协同创新发展优势

如上所述，乌兰察布市、大同市、张家口市有着较强的产业互补性，民间、部门自发合作交流的历史已有数十年。例如，晋冀蒙陕四省区十城市的商务经济合作、两盟五市共建森林草原防火联防委员会、锡乌张互建商会、鼠疫联防、乌张友谊水库合作等。乌大张长城“金三角”地区三市具有丰富的煤炭资源、风能和太阳能资源，其旅游资源丰富多彩，互补性强，教育资源各具优势。同时，相关产业实力较强，尤其是能源产业。

区位优势是建设蒙晋冀（乌大张）长城金三角合作区的先决条件。乌兰察布市、大同市、张家口市位于蒙晋冀三省交界处，区域内有京包、集通、集张、大准、大秦、集二（联接乌兰巴托、莫斯科的国际联运干线）与规划建设中的呼张客专（京呼高铁）、大西客专、大张客专等铁路通过，通往法兰克福的国际货运列车“如意”号始发乌兰察布，丰准、宣庞、宣烟等运煤专线覆盖区域；京藏、京新、二广、丹拉等高速，108、109、110、112、207、208、209国道，准兴重载、呼兴尚运煤专线等诸多干线公路贯穿区域；三市均有民用机场，其中，张家口与大同机场已运行多年；密集、完善的客货交通干线与区域优势将乌大张经济区与京津冀、呼包银榆、环渤海三大经济圈紧密结合，通过丝绸之路北达俄蒙、东欧、东北亚，南至港澳台、东南亚，成为进入东北、华北、西北三大经济圈和亚欧经济带的枢纽区域。

在产业转移方面，乌兰察布目前在园区平台建设、电价、土地、投融资等方面已是内蒙古地区最优惠的城市之一，被纳入国家区域性承接产业转移规划，对于承接大同、张家口地区煤化工、煤炭储配、机械制造等产业项目具备成熟的发展条件；大同加大了煤炭产业转型升级步伐，正从“中国煤都”向

“太阳能之城”转移；张家口因距离北京较近，是国家治理雾霾重点城市之一，工业项目发展受到一定限制，急需进行产业转移。

直面如此利好条件，一个联手发力、抱团“突围”的想法在乌兰察布的决策层日渐成熟——充分发挥三地地缘相邻、生态相同、习俗相近、商旅相通、产业互补的有利条件，大力推进地区间基础设施相连相通、产业发展互补互促、资源要素对接对流、公共服务共建共享、生态环境联防联控、商贸旅游互联互通，着力打造高效联动、各具特色、协调发展的经济社会合作体，努力增强区域可持续发展的创新能力和综合能力，共同联手推动乌大张长城金三角经济合作区成为京津冀协同发展的功能区、协作区，并设法让其上升为国家战略。

4.1 合作区内的个体优势资源

4.1.1 乌兰察布市优势资源

（1）矿产资源。

目前已发现的矿产有80多种，已探明储量的有49种，潜在经济价值约4500亿元，已开发利用的有29种，其中铜、萤石、石墨、膨润土、硅藻土、石灰石、煤炭等储量丰富。四子王旗境内发现了储量规模达1亿吨的大油田，可开采3500万至4000万吨（见表4－1）。

表4－1 矿产资源储量

矿产资源	储量（吨）
煤炭	40亿
铁矿石	5亿
钼金属	260万
萤石	3000万
石墨	3000万
硅石	13亿

（2）电力资源。

电力工业是乌兰察布市的支柱产业。乌兰察布毗邻中国煤炭主要产区大同、准格尔、鄂尔多斯，水利资源丰富，输电经济便利，具备发展电力工业的条件。截至 2010 年，已形成发、输、变、配设施齐全的电网系统。全市投产在建、拟建的电力项目 20 多个，其中火电 13 个，风电 7 个。火电项目中，有 9 个为自备电厂。全部项目建成后，总机容量可达 1227.8 万千瓦。

（3）药材资源。

乌兰察布市分布的常见药用植物有 662 种，分属 115 科。其中植物药材 630 种，根据其生长习性及野生变家种养情况的不同，分述（部分）如下。

野生药材 615 种：麻黄、甘草、黄芩、枸杞、白头翁、黄精、玉竹、百合、黄蘗、艾草、杏仁、龙骨、松花粉、山豆根等。

家种药材 3 种：党参、伊贝母、土贝母。

家野兼种 2 种：黄芪、党参。

名贵药材 8 种：马勃、银柴胡、远志、五味子、牛黄、鹿茸、刺猬皮、牛羊草结。

4.1.2　大同市优势资源

（1）水资源。

大同市是我国水资源缺乏地区之一，但各分区水资源差异较大，截至 2018 年底，大清河区水资源达 2.23 亿立方米。全市水资源总量为 18.25 亿立方米，有大中型水库 6 座，总库容 6.79 亿立方米。随着新水源的开辟以及外调水源的引入，大同市用水矛盾将会得到明显的缓解。

（2）矿产资源。

煤炭：大同市境内含煤面积 632 平方公里，累计探明储量 376 亿吨。大同市坐落在大同煤田的东北部，其煤炭资源属于地质概念的“大同煤田”的一部分，含煤地层为侏罗纪大同组，石炭系太原组、山西组。侏罗纪大同组含煤面积全市达 540 平方公里，保有储量 58.7 亿吨，累计探明储量 65.5 亿吨，现代大规模开采的产要是这一部分。石炭系煤累计探明储量为 117 亿吨。该煤种灰分较高，质量远不如侏罗纪系煤，属气煤类。

石墨：石墨埋藏于前古生代的集宁群地层中，属沉积变质型，山西省唯此存有，分布在大同市区北部的宏赐堡、六亩地两处。它们属于同一成矿带，均为富矿型（见表4－2）。

表4－2　矿区石墨储量

矿区	表内保有储量石墨矿石（万吨）	内含石墨（万吨）	平均含碳量（%）
宏赐堡	3913.3	163.0	3.0～4.0
六亩地	1248.4	61.7	4.9
总计	5161.7	224.7	4.2

岩石：水泥石灰岩主要产于上寒武系的海相地层中，总储量为21517.6万吨，主要分布于七峰山矿区与狼儿沟矿区，水文地质条件简单，已大规模开采。熔剂石灰岩储存于中、上寒武统地层中，属层状海相沉积矿床，累计探明储量7019.2万吨，分布于口泉西部地区。熔剂白云岩主要产于下奥陶统地层中，层位稳定，规模大，质量好，多为二级品，埋藏浅，地质条件简单，极利于露天开采，累计探明储量5353万吨。高岭岩储存于石炭二叠纪的煤系地层之中，与煤共生。大同市的高岭岩储量大、层位稳定、杂质少，是陶瓷生产的优质添加原料。现在勘探程度很低，只作为煤矿的伴生矿来开采。玄武岩产于晚第三系地层之中，探明储量为17424.35万立方米，其中孤山区有644.3万立方米，寺儿梁区有16780万立方米。

（3）植物资源。

森林：大同市共有森林42万亩，主要集中在东北部的采凉山区、恒山山区、云冈国家森林公园及东南太行山北部边缘，其他地区也有零散分布，均为人工森林，但大同市仍是一个少林地区。

草地：截至2018年，大同市牧坡草地的面积共有5.66万亩，占全市土地总面积的15.3%，约为耕地面积的一半。大片草地主要分布在山区及部分河滩处，是发展畜牧业生产的重要基地。

植被：大同市属于干草原的植被类型，大量的禾本科、豆科草类是发展畜牧业的优质牧草，麻黄、甘草等野生药材植物具有很大的经济价值。山区还生长着许多可供观赏的野生花卉植物，如石竹、山丹、飞燕草、野菊、紫菀、唐松草、黄刺玫等。大量分布着的胡颓子科野生灌木枣沙棘，不仅是沙荒造林的先锋灌木，而且在其橘黄色小珍珠似的果实中含有250种天然化合物。

（4）动物资源。

大同市陆栖脊椎动物约有一百多种，其中鸟类约70种，兽类约24种。数量较多、经济价值较大的有黄鼬、草兔等；数量较少、经济价值较大的有石貂、狼、狐狸、狗獾等；数量较多但个体经济价值不大的有石鸡、野鸽、麻雀和各种野鼠；具有开发利用前途而尚未被重视的动物有鼢鼠及多种鸟类等。

4.1.3　张家口市优势资源

（1）土地资源（见表4-3）。

表4-3　土地资源　（单位：公顷）

类型		面积	
土地总面积		3679652.99	
农用地	耕地	932203.72	2499936.97
	园地	143925.11	
	林地	1101076.65	
	草地	242304.05	
	其他农用地	80427.44	
建设用地	城市及独立工矿用地	126411.10	154196.70
	交通运输用地	18308.61	
	水利设施用地	9476.99	
未利用地		1025519.32	

（2）矿产资源。

张家口市是河北省矿产资源较丰富的城市之一。截至2015年末，张家口市已发现矿产97种，探明资源储量的矿产有45种。

张家口市能源资源十分丰富，主要有煤炭、风能和太阳能。煤炭资源主要集中在蔚州煤田、宣下煤田和张家口以北煤田，煤炭总储量29.34亿吨。风资源储量约2000万千瓦以上，可开发量1170万千瓦以上。其中坝上地区风资源储量约1700万千瓦以上，可开发量1030万千瓦以上；坝下地区风资源储量约300万千瓦以上，可开发量140万千瓦以上。张家口市太阳能资源十分丰富，地域日照时数2756~3062小时，年太阳总辐射为每平方米1500~1700千瓦时，属于太阳能辐射Ⅱ类区域。

（3）水资源。

张家口市属于半干旱地区，水资源严重不足。根据2008年完成的《张家口市水资源评价》有关成果，张家口市多年平均自产水资源总量为17.99亿立方米，其中地表水资源量为11.62亿立方米，地下水资源量11.91亿立方米（地表、地下重复水量5.53亿立方米），人均水资源占有量399立方米，不足全国人均的1/5。张家口市多年平均地表水可利用量为4.06亿立方米，地下水可开采量为6.48亿立方米，可利用量为10.54亿立方米。这些水资源分布在张家口市5大水系：大清河水系、潮白河水系、滦河水系、永定河水系、内陆河水系。

（4）生物资源。

张家口市陆生野生植物共有120科、513属、2100多种，其中木本植物62科、129属、369种。境内有野生脊椎动物50多科，300多个种及亚种。其中，兽类15科30余种；鸟类26科130余种及亚种；爬行类4科15种；两栖类3科6种。国家重点保护的野生动物有27种，有森林及果树害虫的天敌17科68种。

4.2 合作优势

4.2.1 旅游

在我国经济快速发展的过程中，区域经济发展已经成为一大亮点，引领和带动了地区经济的快速发展。乌兰察布、大同、张家口三市由于地理位置独特，文化传统、风俗民情、经济生活相互融合，地区间资源互补性强，区域间合作共赢、整体发展的要求已经得到了广泛认同和高度重视。特别是在我国大力推进“一带一路”“京津冀一体化”“环渤海经济合作”重大战略规划的背景下，乌大张独特的区位优势日益显现，合作区建设已经上升为国家发展战略。而旅游业具有广泛的产业关联效应和带动效用，在地区经济发展中发挥着重大的作用。将区域旅游合作作为乌大张三地开展区域经济合作的切入点，通过整合三地文化旅游资源，打造乌大张文化旅游品牌，带动和促进区域间经济、社会和文化全面发展，有着现实的发展基础和光明的发展前景。

乌兰察布市凉城县旅游资源具有世界级的优越品质和开发优势。资源品位和集聚度全区唯一、国内少有。凉城县是乌兰察布市“中国草原避暑之都”的核心区。2012 年，自治区政府把凉城县列入全区 7 个宜旅宜居的休闲度假目的地之一。凉城县岱海国际滑雪场就是一个本着高起点规划、高品质建设的旅游新品牌，包含了岱海国际滑雪场、旅游文化大型实景演出，极大地带动了当地经济发展，也促进了旅游产业化的发展。景区的总体定位和发展目标在很大程度上充分考虑景区的山地、森林、河流、湖泊等不同资源的空间分布和品级特征，并结合生态承载力、深度开发潜力、环境保护等要求确定其开发方向和发展模式及主题特色、产品定位等。[1]

旅游业以其广泛的产业关联效应和乘数效应，在区域经济发展中发挥了重大的作用。乌大张三地旅游发展虽然还很滞后，但三地旅游资源禀赋高，且资源互补性强，具有长足发展潜力和巨大的成长空间，应充分开发与挖掘合作潜力，加强区域间联合。通过整合三地旅游资源，建设面向京津冀的旅游度假和避暑养生大花园，打造乌大张旅游品牌，提升区域旅游的知名度和竞争力，形成新的经济增长极。[2]

乌兰察布境内旅游资源丰富，草原旅游、蒙古族民俗旅游独具特色，有“草原仙湖”岱海、国家 4A 级景区格根塔拉、世界罕见的高山草甸辉腾锡勒草原以及兴和苏木山、后旗火山、卓资红召等自然风景区和元代集宁路古城遗址、四子王旗神舟飞船主着陆场等人文景观。全市 2A 级以上景区 22 个，其中 4A 级景区 8 个，3A 级 7 个，2A 级 7 个（见表 4 -4）。2018 年，全市接待各类游客约 1420 万人次，同比增长 18. 3%，实现旅游总收入 122 亿元，同比增长 22%（见表 4 -5）。

---

[1] 立足旅游资源优势创建旅游景区新品牌——乌兰察布市旅游集团凉城岱海国际滑雪场开发纪实 [J]. 实践（思想理论版），2016（12）：56 -57.

[2] 李丽，王贤纲. “乌大张”旅游合作发展中的难点及对策研究 [J]. 前沿，2017（5）：35 -39.

表 4-4　三市 A 级景区个数

地区景区级别	乌兰察布市	大同市	张家口市
1A 级（个）	0	1	0
2A 级（个）	7	1	7
3A 级（个）	7	2	9
4A 级（个）	8	4	12
5A 级（个）	0	1	0
A 级景区总数（个）	22	9	28

表 4-5　三市接待游客人数及旅游收入

地区	接待游客人数		旅游收入	
	总人数（万人）	增长率（%）	总收入（亿元）	增长率（%）
乌兰察布市	1420.00	18.30	122.00	22.00
大同市	6903.92	28.24	617.73	27.86
张家口市	7354.83	17.49	859.35	23.39

大同市是国务院首批公布的24座历史文化名城之一和13个全国较大城市之一，也是山西省第二大城市，拥有世界文化遗产云冈石窟、“人天北柱”北岳恒山、“天下巨观”悬空寺、“辽金巨刹”华严寺、全国“龙壁之冠”九龙壁、古韵彰显的大同古城以及平型关战役遗址等享誉中外的景点。全市A级景区9个，其中5A级景区1个，4A级景区4个，3A级景区2个，2A级1个，1A级1个（见表4-4）。

张家口是一块美丽的神奇土地，雄奇的燕山、巍峨的太行山、辽阔的草原和蜿蜒的桑洋河在这里交汇纵横，构成了张垣大地集冰雪、草原、温泉、山林为一体的生态旅游资源群，春季百花盛开，夏天草原清爽，秋色层林尽染，冬日冰天雪地，展示了一幅幅绚丽多彩的塞外画卷。其旅游项目以坝上草原、崇礼滑雪、桑洋河谷和历史文化为主，全市A级景区28个，其中4A级景区12个，3A级9个，2A级7个（见表4-4）。2018年，全市共接待国内外游客7354万人次，同比增长17.49%，旅游总收入859.35亿元，同比增长23.39%（见表4-5）。

可见，三地旅游资源都较为丰富，其草原风光、宗教文化、民俗风情、自然风光等旅游资源各有侧重、各具特色。三地共处京津通往华北、西北的同一旅游带，景区多样化特征明显，整合旅游资源，实现优势互补，打造蒙晋冀省际旅游区域中心前景广阔。

日前，乌大张三地已经加强了基础设施建设合作，公路、铁道、机场等交通设施建设已经趋于一体化，正逐渐建立覆盖现代综合交通网络，合作推出三地旅游“一卡通”项目。“一卡通”项目囊括了乌大张三地多数的旅游资源，游客能使用一卡通服务共享三地多数旅游景点。这简化了游客的旅游时间与旅游成本，使游客能享有更便捷更高效的服务体验。目前来看，随着城市化的快速发展以及对外吸引力的增强，乌大张地区的人流量、物流量显著增加，商务旅行的人数增幅很大。可以说，乌大张地区时下的生态旅游正如火如荼。❶

一个城市的生态环境、文化底蕴、精神品格、价值导向都可以成为旅游产业的重要资源。乌大张三地由于得天独厚的地理位置和气候条件，把城市形象的打造重点放在旅游业上。

4.2.2　教育

乌兰察布市拥有集宁师范学院、职业学院、高等医学专科学校、高级技工学校等一批大中专院校，师资力量雄厚，但当地可消化的技能人才却有限，而大同、张家口则拥有多个国家重点实验室，且现代服务业和制造业等产业优势突出，但缺乏技能人才支撑。因此，三市教育资源具有互补性，乌大张长城“金三角”合作区建设可让三地各取所长，教育资源得到最佳优化。

乌兰察布、大同、张家口三市有山西大同大学、河北建筑工程学院、张家口教育学院、集宁师范学院等高校。三市的企业和一些研究院是长城金三角地区的主要科技创新主体，其中企业资金较为雄厚、市场经验丰富，但缺乏技术积累，因此企业的创新能力相对薄弱。高校和研究所虽然具备一定的技术储备，但是多数缺乏资金支持，同时高校的技术储备往往侧重于基础研究，创新成果难以在工程化中迅速推广应用，同时三地的高校和企业缺乏协作机制，产

---

❶ 姚亚菲. 乌大张区域生态旅游发展现状及对策分析［J］. 经济视野，2017（21）：178－179.

学研实体间难以建立良好的互补机制。❶

蒙晋冀（乌大张）长城金三角地域交流合作与产业互动是蒙晋冀（乌大张）长城金三角全面协作发展的一个重要组成部分。研究和推动蒙晋冀（乌大张）长城金三角地域交流合作与产业互动，对于培育新兴产业、融入京津冀协同发展、对接“一带一路”发展战略的中俄蒙大通道建设，发挥内蒙古东联京津冀晋协同发展建设、西接呼包银榆经济区建设、北通俄蒙欧，具有积极的现实意义。❷ 要充分发挥集宁师范学院、山西大同大学、河北北方学院等三地高校的科研和人才资源优势，加强双方高层次人才的培育、培训、交流、合作，把高校的学研特长转化为产学研优势，与地方发展紧密结合，为地方经济、文化的发展出实力。

“一带一路”战略是我国未来一段时间内，经济社会发展的重要依据，也是实现“中国梦”的重要内容。按照“一带一路”战略的发展格局，我国将逐步实现与更多国家和地区的互联互通、交流合作，其中必然包括我们与其他国家地区创新技术上的合作。在创新技术合作的过程中，高校等研究机构将起到重要的支持保障作用。跨学科团队作为对高校创新功能实现作用明显的组成部分，对其知识整合机制进行深入研究则有一定的现实意义。❸

进入21世纪以来，随着研究型大学的发展和应用型大学建设，高校内部或高校之间对跨学科知识整合的要求越来越高，从而出现了大量高校的科研团队。这些团队有一个共同点，即团队的成员学科背景各不相同。因此，我们有必要对不同类型团队知识整合的路径进行深入研究，为高校跨学科团队管理提供支持。跨学科团队知识整合的研究目前以专业性跨学科团队研究为主，如跨学科团队合作下的危机干预，护理学跨学科协同创新学术团队建设的现状及发展趋势，家长式领导对跨学科团队创新绩效的影响等。这些研究为我们揭示不同行业相关各方的知识整合机制，提供了理论指导和实践操作的帮助，有一定

---

❶ 孙伟. 基于云计算的长城金三角“乌大张”创新合作平台设计研究［J］. 才智，2018：116－117.

❷ 李俊，陈小明. 蒙晋冀（乌大张）长城金三角文化交流与文化产业互动探微［J］. 前沿，2016（2）：16－22.

❸ 翟大彤，康淑瑰，张国卿. 高校跨学科团队知识整合路径［J］. 决策与信息，2019（5）：39－48

的实践意义及理论价值。高校是各学科知识传播与交流的重要平台，是跨学科团队研究的重要对象，本书将从团队管理的视角出发，探讨高校跨学科团队知识整合的路径，提出相关的管理建议，为高校制定科学合理的跨学科团队管理策略，提供一定的理论支持。

跨学科即“整合的学问”。高校跨学科团队可以区分为不同的类型，各自反映的特征不一。不同特征存在的内在原因是跨学科团队中的不同知识存在形式，因此需要首先对高校跨学科团队知识的存在形式进行必要的界定。“一带一路”战略背景下，要求高校跨学科团队对知识的更新具有前瞻性。这一方面要求这些跨学科团队认真审视团队内知识的存在形式，另一方面要求团队成员把接纳先进技术经验的视角更多着眼于外部环境。

异质性是一个相对的概念。对于知识而言，主要是指受到不同环境因素影响，加上在团队中的形成过程不同，就产生了跨学科团队中的异质性知识。不同于企业，高校的异质性知识有其自身特点，因此我们有必要对高校跨学科团队的两类异质性知识进行区分。

高校跨学科团队中的一类，是由企业或以经济利益为目标的组织资助的。这类团队对知识的异质性体现较强，主要表现在：一方面，团队要实现其资助者的意图。高校中存在着一些由企业资助的、以完成某类多学科支持的技术攻关项目为目的的跨学科团队。这些团队中，不同成员对目标的理解各有差异，故而知识的异质性体现较强。另一方面，成员及所利用的资源受制于高校管理，由不同院系或者研究所的科研人员组成的跨学科团队，对目标的解读往往放大其所属院所的功能，这样也会造成团队中知识异质性的强化。

另一类跨学科团队是由政府或非营利机构资助的跨学科团队。这类团队知识的异质性体现相对较弱，所要实现的目的与高校的管理倾向具有较高的一致性。因为这类跨学科团队往往以自发的方式形成，团队的研究目标也是基于现有的研究成果提出的。这些问题的提出者大多也对其有趋于认同的观点。

高校跨学科团队中，显性知识是整合形式的知识，是显性知识属性的体现。在跨学科团队内，成员间进行信息交流和沟通时要具有标准范式。例如团队中的成员为了进行某一个问题的研究，需要以例会、研讨等形式，通过研究报告、分析结果等形式进行交流。这些范式要求其知识的表达及传递形式，必须以规范化的显性知识形式为载体。可见，显性知识对于跨学科团队来说是信息传递的主要形式。成员间的知识背景虽然不同，但是在以显性知识形式表达时，对于暂时无法完全理解的知识，不同成员可以通过其他渠道再次获取。显性知识是高校跨学科团队内重要的知识表现形式。一般情况下，团队内部成员之间，以及团队成员与外部成员进行交流合作时，主要通过显性知识进行信息传递。

隐性知识是相对于显性知识的概念，是团队成员自身所拥有的，不以标准格式所表现的知识。团队中，每个成员的教育背景、学科方向、表达形式可能不尽相同。虽然知识本身不以成员这一载体发生变化，但是由于这些知识毕竟需要通过成员以相对灵活的方式交流，所以就表现出隐性知识的特征。可见，隐性知识不适于文稿、报告等交流方式，更适合于成员间通过直觉、意会等方式进行交流。隐性知识在跨学科团队的创新方面起到重要的作用。团队成员在进行合作时，除了通过显性知识进行常规的交流以外，还会通过潜移默化的形式进行创新点的启发。这些启发往往是在不经意间进行和产生的，也往往是以隐性知识的形式来表现的。

通过研究，我们认为，高校跨学科团队是以知识整合为形式，以解决某一课题或项目提出的问题为出发点而设立的。换言之，高校跨学科团队是以解决跨学科问题为目的的组织。这类组织往往具有天然的资源优势，能够调动一定范围内相应学科的各种资源，其中包括各学科的最新科研成果及研究方向。这些最新的科研成果将为立足“一带一路”战略，加深与相关国家和地区的连接，并为“中国梦”的实现提供智力支持。

高校跨学科团队的类型包括：国家重点实验室，独立研究中心，跨院系研究中心，“211”“985”“双一流”工程支持的跨学科研究平台。

（1）国家重点实验室。国家重点实验室隶属于国务院部门（行业）或地方省市科技管理部门，这类实验室一般依托于某一院系，由这些院系组织相关的人员参与课题或项目。国家重点实验室是国家科技创新体系的重要组成部分。经过若干年的发展，随着整体科研水平的提高，我国现在已经有了200多个国家重点实验室。它们为提高我国的科技水平做出了杰出贡献，并将继续发展下去。国家重点实验室是高校跨学科团队中规格较高的一类。根据高校配备国家重点实验室的情况，可以从一定程度上判断不同高校不同学科的发展和建设情况，也可以为不同主体需要提供的具体技术支持提供参考。

（2）独立研究中心。独立研究中心的显著特点是独立于院系运作。独立研究中心主要针对一些专业领域，因此会与一些院系联系，组织相关的院系参与研究工作。需要注意的是，独立研究中心是这类课题或项目的组织者和负责单位，参与其中的院系对独立研究中心直接负责，受它领导。独立研究中心在高校科研工作中起着重要的作用，一方面，经济发达地区高校的这类研究中心，对推动某一领域的科研起着重要的作用；另一方面，经济欠发达地区普通高校下属的独立研究中心，由于其具有天然本土化的特点，对推动一些具体的、有区域特殊性的研究起着不可或缺的作用，例如一些高校下设的地方经济发展、人文科学等方向的研究机构就是这类独立研究中心。

（3）跨院系研究中心。跨院系研究中心是由国家或高校牵头成立的具有跨系或学院的管理组织。跨院系研究中心一般由与学科领域项目或内容密切相关的院系参与合作研究课题。这类研究中心与学院形成挂靠关系，即研究中心所做课题或项目由学院牵头，并由它负责组织管理。跨院系研究中心要求这些学科组建起跨院系的研究中心，而这类研究中心内也有主次之分，其中一些学科所在的院系扮演组织者角色，另外一些院系扮演支持者角色。依此形式，可以在某院系的主导下，在其他院系的支持下，很好地完成相应的科研任务。跨院系研究中心是高校跨学科团队中常见的一种组织方式。

（4）“211”“985”“双一流”工程支持的跨学科研究平台。为了迎接世界新技术革命的挑战，我国政府实施了“211”“985”工程，继“211”“985”工程后，国家层面提出“建设世界一流大学和一流学科”，即“双一流”大学工程，这些高校成为跨学科科研平台的重要力量。这两项重要举措目的在于，以国家各行业需求为导向，进行学科的结构调整，并促进各学科资源的整合。“211”“985”“双一流”工程纳入的高校受到了相关政策的支持并得到了快速发展，受此平台资助的高校有相当一部分在国内学科建设中起着带头作用。“211”“985”“双一流”工程支持的跨学科研究平台为国家经济建设起到了重要的作用，并且在未来的国际交流合作中继续起到重要的智力支持作用。

高校跨学科团队的类型、特征各不相同，团队内主要的知识存在形式各有侧重。

国家重点实验室，位于隐性知识＋强知识异质性区域，因为这类跨学科团队往往由某些领域内的权威专家组成。这些专家对于团队研究的内容熟知，但是大多限于从自己研究领域的角度进行分析，加上国家重点实验室主管部门为国务院部门（行业）或地方省市科技管理部门，决定了其团队目标与所处环境（高校）对知识的异质性体现较强。此外，国家重点实验室的组织形式往往较为稳定，成员间的合作大多比较深入，因此，成员间往往不以过于规范的方式进行交流（知识交流更多采用意会等灵活方式进行）。国家重点实验室一方面是不同层次高校通过自己的优势学科可能建立的平台，另一方面也是不同高校为发展优势学科可能争夺的优势资源。究其原因主要是由于国家重点实验室比较其他跨学科团队，拥有更多的资金投入、政策支持等优势资源，即国家重点实验室比独立研究中心、跨院系研究中心和“211”“985”“双一流”工程支持的跨学科研究平台拥有相对优先的发展机会，掌握相对优势的研究资源。

独立研究中心位于隐性知识＋弱知识异质性区域。这是由于这类跨学科团队一般是由彼此熟悉的成员组成，成员间交流多以灵活方式进行。此外，独立研究中心是课题或项目的组织者和负责单位，其团队目标往往与高校目标相匹配，即知识异质性较弱。独立研究中心是独立于院系的组织，但其成员同时隶属于各院系，故其成员的精力可能受到所属院系的牵制。如果用重复计算工作量的方式就可以鼓励成员对团队的贡献，即注重加强独立研究中心与院系的协作。独立研究中心所处的维度表明，团队内知识的异质性较弱，换言之，知识的同质化程度相对较高。同时，独立研究中心的知识形式倾向于隐性知识。这两个特征决定了独立研究中心在知识整合过程中面临的约束比起国家重点实验室、跨院系研究中心和“211”“985”“双一流”工程支持的跨学科研究平台要更多。

跨院系研究中心位于显性知识＋强知识异质性区域。这类跨学科团队成员来自不同院系，甚至不同高校，其知识存在形式主要为显性知识。另外，这类团队目标受到核心成员影响较大，故与环境（高校）匹配程度不高，表现出较强的知识异质性。跨院系研究中心研究的内容由学院牵头，团队成员会兼顾跨学科内容研究和人才培养双重责任。一方面，研究内容要实现既定目标；另一方面，跨学科团队的知识成果不仅可以促进知识的发展，而且对跨学科人才的培养如研究生教育有很好的帮助，否则，是对跨学科研究成果资源的浪费。通过研究，我们认为，跨院系研究中心相对于国家重点实验室、独立研究中心和“211”“985”“双一流”工程支持的跨学科研究平台，在知识整合过程中，面临的压力更大，但是可能会有更多突破性创新的机会。

“211”“985”“双一流”工程支持的跨学科研究平台，位于显性知识 + 弱知识异质性区域。这类团队是高校跨学科团队中成员差异最大的（大多数成员来自不同高校），故其知识多以显性知识形式表现。另外，这类跨学科团队所在的平台本身就是高校组成的，故其团队目标与高校要求匹配性较高，表现出了弱知识异质性。“211 工程”是国家面向 21 世纪重点建设的一批高校，目前共有 112 所高校。“985 工程”是国家为创建世界一流大学所实施的重点建设的一批高校，目前列入的共有 39 所。继“211”“985”工程后，国家层面提出的“建设世界一流大学和一流学科”，即“双一流”大学战略正在稳步实施。“211 工程”提出的学科群、“985 工程”提出的科技创新平台和“双一流”大学战略的实施，在很大程度上为高层次院校进行知识交流提供方便，也为各院校知识整合提供依托。之前，很多高层次的跨学科科技成果都是这些院校相互合作的结果。可见，在这样的跨学科研究平台支持下，充分发挥知识整合的作用，是合理可取的。“211”“985”“双一流”工程支持的跨学科研究平台，虽然不同于国家重点实验室拥有独特的优势资源，但是相对于独立研究中心、跨院系研究中心来说，所处的环境相对稳定，这主要归结于其所依托的“211”“985”“双一流”平台，在知识创新整合中也可能会出现前沿性的成果。

高校跨学科团队知识整合，以知识库的形式为表现。按照野中郁次郎提出的“知识螺旋”模型，结合团队、个体与显性知识、隐性知识的组合以及我们对高校跨学科团队知识整合路径的研究，做出如下分析。以团队和个体、隐性和显性两个维度将不同表现形式的知识列于其中，这些知识的转化过程即反映了跨学科团队知识整合的路径。分析高校跨学科团队知识整合路径可以发现，不同表现形式的知识之间不仅存在着不同的关联形式，而且从整体的角度来看，跨学科团队知识库是知识整合的最终目的。简言之，跨学科团队内的成员应该明确，最终形成的知识库必将是以团队知识的形式构成的，不管具体知识为显性知识还是隐性知识。

在跨学科团队的知识转移路径中，团队的显性知识向个体隐性知识转移是较为常见的形式，这一过程也是知识内隐的过程。例如，团队中的老成员会对新进入团队的成员产生重要的影响。从个体的角度来看，这一过程会使团队的显性知识转化为个体的隐性知识。这一过程类似于组织中的新员工融入组织，受组织文化影响的过程。需要指出的是，团队显性知识向个体隐性知识转化的过程中，会出现一定程度的排斥，排斥的程度主要取决于团队中个体成员对团队形成知识的认同程度。此外，团队显性知识的存在形式较为宽泛，可以通过文本、媒体等不同形式表现，而个体隐性知识则不易被观察到。对于团队显性知识特征明显的跨院系研究中心和“211”“985”“双一流”工程支持的跨学科研究平台，知识整合路径更多以此方式进行。其中，知识异质性强的跨院系研究中心，在知识整合过程中的排斥现象更为频繁。国家重点实验室和独立研究中心，由于处在隐性知识维度，在知识整合过程中相对较少地以团队显性知识向个体隐性知识方向表现。

以团队隐性知识为出发点，存在其外显为个体显性知识的路径。例如，在跨学科团队中以经验、感觉等相对模糊的形式存在的隐性知识，可以通过个体成员的亲身感受、体验等方式外显为个体显性知识。不同类型的跨学科团队，其隐性知识的“质”和“量”有所差异。国家重点实验室，由于组织形式较为稳定，成员间的合作较为深入，隐性知识是成员交流的重要内容。加上国家重点实验室团队内的知识异质性较强，这类团队隐性知识外显为个体显性知识表现的差异性较为明显。对于独立研究中心，由于其团队内的知识更多体现为隐性知识，所以也经常出现与团队隐性知识向个体显性知识整合相匹配的路径。跨院系研究中心和“211”“985”“双一流”工程支持的跨学科研究平台，显性知识特征较为明显，所以较少匹配团队隐性知识向个体显性知识整合的路径。

跨学科团队中，个体知识与团队知识之间存在着密切的关联，以个体知识为出发点的知识整合路径分为团队显性知识和团队隐性知识两个方向。相关的研究认为，对于团队内的个体成员，个体知识对团队的影响往往是单一方向的。个体显性知识的整合方向为团队显性知识；个体隐性知识的整合方向为团队隐性知识，这两类知识整合形式不同程度上影响着跨学科团队的知识构成和形式。

首先，个体显性知识可以在团队中以不同的成果形式整合为团队显性知识，主要包括论文、专利、研究报告等。通常情况下，个体显性知识向团队显性知识的整合较容易被团队成员重视，因为这类知识整合形式往往从一定程度上反映出团队内的个体对团队整体的贡献。在实际工作中，跨学科团队的绩效考核往往倾向于量化指标的考量，这也与个体显性知识向团队显性知识的整合的实际情况相吻合。

其次，个体隐性知识又可以集聚为团队隐性知识。在这一路径中可以看到，跨学科团队的隐性知识会受到每一个成员的影响，只是不同成员对团队整体影响的重要程度不同而已。在跨学科团队内部，个体隐性知识不同于显性知识容易被其他成员直接观察到。但是，我们注意到，在跨学科团队中，个体隐性知识对团队绩效的影响往往是潜移默化的，甚至在有些方面，个体隐性知识对团队绩效的影响更大。我们认为其主要原因为，在跨学科团队中，日常性的工作一般以文本资料的形式为媒介，而团队核心业务的侧重往往受到内部成员个体隐性知识的影响，尤其是在跨学科团队中的一些资深的成员，个体隐性知识往往会在较大程度上影响团队的重要研究方向。

在高校跨学科团队中，个体知识向团队知识整合的两种形式需要我们区别对待。一方面，个体显性知识向团队显性知识的整合是必要的路径。这一路径所形成的文本资料，在一定程度上影响着跨学科团队与外部的交流合作。另一方面，个体隐性知识向团队隐性知识的整合，对团队发展所起到的作用是潜移默化的，在有些方面还会是决定性的。通过研究我们认为，在高校跨学科团队的发展中，两种形式的个体知识向团队知识整合的路径，都需要团队成员以及管理者的高度重视。

高校跨学科团队知识整合的落脚点，是跨学科团队知识库的形成。任何一种跨学科团队形式，包括国家重点实验室、独立研究中心、跨院系研究中心和

“211”“985”“双一流”工程支持的跨学科研究平台，都是以一定的目标为存在价值前提的。归结起来，这一目标即跨学科团队知识库。这一知识库形式的成果，有些是在短期内可以被应用的，而有些会在以后的社会生产实践中体现其价值。从整体上看，高校跨学科团队知识整合的路径，最终以团队知识向团队知识库转化的形式表现，其中包括团队显性知识向团队知识库转化和团队隐性知识向团队知识库转化两种具体类型。团队知识整合的方向并不单一，其中既包括团队隐性知识向个体显性知识的整合，也包括团队显性知识向个体隐性知识的整合，但是这些形式的知识整合并非跨学科团队的存在目的。

团队显性知识向团队知识库转化的过程，一般为高校跨学科团队完成某一研究任务后，形成的有价值的文本等资料。这一知识整合形式往往能够更直接地为解决某一问题提出科学的方法，同时也会为后续或者相关的问题解决提供思路。国家重点实验室、独立研究中心、跨院系研究中心和“211”“985”“双一流”工程支持的跨学科研究平台的跨学科团队所形成的知识库，是国家经济建设的重要支持，也是社会发展的宝贵财富。团队隐性知识向团队知识库的转化，更多表现为跨学科团队专家的经验。在跨学科团队知识的形成过程中，会逐步形成一些不易于文本化的知识，这类知识在解决实际问题时往往也具有一定的价值，但是受限于其表现形式，往往成为跨学科团队解决问题所遵循的经验。

对高校跨学科团队知识整合的路径分析，要清晰把握团队知识和个体知识之间的关系，理解跨学科团队内不同知识整合的原理，并且要抓住高校跨学科团队知识整合的最终目标，即跨学科团队知识库。跨学科团队知识库形成的机理，是研究高校跨学科团队知识整合路径的最终目的，也是我们有区别地对国家重点实验室、独立研究中心、跨院系研究中心和“211”“985”“双一流”工程支持的跨学科研究平台，进行管理的重要依据。简言之，高校跨学科团队知识整合路径的研究，是政府部门、高校、跨学科团队需要共同关注的内容。

高校跨学科团队知识整合的路径分析，为我们有针对性地建设国家重点实验室、独立研究中心、跨院系研究中心和“211”“985”“双一流”工程支持的跨学科研究平台提供了思路，也为我们进一步推动国家实现“一带一路”战略提供了更多的智力支持。结合不同的跨学科团队类型和特征，可以归纳出高校跨学科团队在知识整合路径中表现出的特点。

跨学科团队与高校既紧密联系，又相对独立。跨学科团队一般以高校为载体，其意义在于可以充分利用高校资源，并且便于解决跨学科问题。例如跨学科团队能够充分利用高校的研究成果、网络、实验室等资源，并且可以很快找到相关领域的学者专家来解决特殊的专业问题。由于高校之间在某些具体学科领域存在着广泛的联系，跨学科团队在依靠某一高校专家解决学科问题的同时，就有机会寻求其他高校这方面专家的支持。换言之，依托高校平台建立的跨学科团队，在遇到某些学科问题的时候，可以依靠这一领域专家网络的支持。

由于跨学科团队势必有相关院系教师参与，这些教师除了完成团队的工作外还要完成所在院系的科研、教学等工作，这样就有可能分散精力。如果跨学科团队相对独立于院系，而其所做的项目或课题得到校级层次负责人的支持则可以大大方便团队的运作，并且可以使团队成员专心致力于某一课题或项目的研究。

跨学科团队人员的甄选带有一定的不确定性。跨学科团队在组建之初往往对所涉及领域的问题掌握得不是非常精确，因此，在甄选时就带有一定的不确定性。现实中，在甄选团队成员之初，组建者更多考虑现有成员所接触过的人。表面上看，如果在跨学科团队组建初期，耗费大量时间进行人员甄选，会使团队工作进度受到影响，实际上，应该认识到，只有依靠科学方法筛选出来的人员才能在后续长期的时间内高效率、高质量地完成使命，恰恰是节约了团队的资源。为避免跨学科团队人员甄选的误区，在组建时应该更多考虑的是成员学科背景而非工作经历，因此，需要采用系统科学的方法甄选团队成员。

跨学科团队的绩效受到其核心成员价值取向的影响。首先，跨学科团队的组建受到非正式组织模式影响。例如，团队组建者会优先考虑自己熟悉的人员，而非自己不熟悉却又可能在某领域有一定专长的人员。其次，在团队组建后，由于专业背景及各成员价值取向的不同，可能会出现成员间对问题处理的分歧。由于这些团队都是以核心成员的个人喜好而非理性思维进行决策，就势必会使团队整体的价值取向受到核心成员价值取向的影响。

跨学科团队之间的资源共享程度较低。跨学科团队的组建本身是为某一课题或项目的研究而形成，并且可能进行长期深入的研究，由于对经费资助的利益冲突，势必会使相近领域的团队之间难以共享资源。造成这一现象的客观原因在于，相近领域的团队都力求产出优质的成果。这些成果大多以学术论文、报告等形式体现，每一部分内容又都需要团队成员耗费大量精力。

高校跨学科团队存在着不同的类型，其知识存在形式主要是异质性知识、显性知识和隐性知识，各类型的团队应该依据不同的知识存在形式进行知识的整合。以上所做的工作是一种初步的解决思路，目的是在高校背景下，以跨学科团队知识整合路径研究为基础，探索其知识整合深层次的运行机制，找到其运行规律，为我们今后的研究提供帮助。这种思路是否可行、有效，还需要进一步通过数据实证检验，从而更加可靠地指导具体实践。总之，在“一带一路”倡议的大背景下，全社会的不同主体，都有必要从自身的角度出发，寻找切入点，为战略的实施提供支持。高校跨学科团队，作为技术创新和社会发展的重要动力，应该不断优化自身成果形成机制，为“一带一路”战略的实施提供智力支持。

4.2.3 区位交通

乌兰察布市、大同市、张家口市背靠中西部广阔腹地，均位于蒙晋冀三省交界处，是京津冀、环渤海、呼包鄂榆三大经济圈的接合部。同时，张家口市、乌兰察布市和大同市分属国家东、中、西部三大经济板块的结合带，这样的区位优势，在全国是少见的。从经济学角度来讲，大的经济板块之间的结合带，是资源要素交会融合和经济增长最有潜力的地区。

乌大张长城“金三角”地区独有的区位优势，使合作的可能性大增。三市应该依托这样的区位优势，自觉打破自家“一亩三分地”的思维定式，寻求在贸易、投资、科技、文化各领域广泛合作，促进基础设施互通互连，贸易市场互通互开，金融服务互扶互助，政务服务联批联审，与呼包鄂经济圈、太原都市圈形成互动，成为中西部向东输送物流、承接商流的“出口门户”，充分发挥环渤海地区经济合作协调机制作用，使其成为京津冀经济圈向西辐射的“入口门户”。

密集而完善的客货交通干线将乌大张三市紧密结合，同时也使乌大张长城

“金三角”与京津冀、呼包银榆、环渤海三大经济圈紧密结合，使之成为进入东北、华北、西北三大经济圈和亚欧经济带的枢纽区域。

乌大张三地均属于蒙晋冀地区的交通枢纽，如何协调旅游领域的配套发展能力是本地区的核心要素。应当分析各地的客流承载能力，从而合理分配各运力，做好跨地区的衔接工作。交通条件及基础设施的建设尤为重要，大力确保广大游客能够便捷高效地进入乌大张地区。在区域内部需要覆盖完善有序的交通网络体系，确保各目的地间旅游道路链接顺畅宽阔，增加路网密度和旅游景点线路之间点对点的连接，同时可以引入资本共同建设旅游通道，以获取成本优势。与此同时，还应该对应建立好接待设施，包括星级酒店的建设、农家生态乐园的筹划以及快捷便利酒店的引入。相关配套的餐饮、娱乐设施应当统筹规划，合理建设，规范接待设施行业标准，不断提高旅游接待水准和水平，满足游客不断增长的个性化需求。此外，还需要观察并细分市场，针对游客不同需求，开发设计出有地方特色的旅游产品和线路，避免旅游产品的单一，充分体现乌大张地区旅游资源的与众不同，提高游客的旅游体验感和满意度。[1]

---

[1] 姚亚菲. 乌大张区域生态旅游发展现状及对策分析 [J]. 商场现代化，2017 (27)：178 - 179.

第5章　合作区协同发展历史进程

5.1　协同历史

2013年11月，作为京津冀协同发展和呼包银榆经济区建设的纽带及中蒙俄经济走廊建设的重要通道，乌兰察布市率先提出建设蒙晋冀（乌大张）长城金三角区域合作的发展目标。这是适应经济发展和深化改革的创新思路。

2013年底，乌大张三市主要领导携手拉开了乌大张经济合作区建设的序幕。对三地的旅游业进行了梳理，提出了建立“京津后花园”的旅游定位，旨在吸引客源，提高经济效益。随着同城待遇、医保支持、联合培训等优惠政策的相继出台，各地基础业务的办理门槛被打破，乌大张经济圈逐渐建立起来。[1]

2014年7月，成功召开乌大张首届区域旅游合作联席会议，“蒙晋冀（乌大张）长城金三角经济合作区”正式启动。三市共同签署了《乌大张区域旅游合作协议》，一致同意建立密切合作机制及区域旅游合作联席会议制度，实现区域旅游规划编制、形象定位、旅游标识、宣传促销、精品线路一体化，推动区域惠民旅游一卡通一体化，民间旅游联盟一体化，逐步实现旅游客运一体化，加强旅游监管、共创诚信旅游等。三地旅游联盟签订了合作合同，共同举办了第19届北交会乌大张区域旅游天津推介会，吸引合作景区40多家，联合

[1] 李俊，陈小明. 蒙晋冀（乌大张）长城金三角文化交流与文化产业互动探微［J］. 前沿，2016（2）：16－22.

推出惠游“一卡通”。❶

2014年8月，首届“蒙晋冀（乌大张）长城金三角合作区联席会议”在乌兰察布市召开，国家发改委和蒙晋冀三省区领导出席会议。会上三市共同签署了“蒙晋冀（乌大张）长城金三角合作区建设协议”及5个专项合作协议，共同商定编制《蒙晋冀（乌大张）长城金三角合作区规划》（以下简称《规划》）。在此协议基础上，蒙晋冀（乌大张）长城金三角合作区将在很多方面开展实质性合作，例如，基础设施相联相通、资源要素对接对流、生态环境联防联控、区域旅游一体化等。建立联席会议机制，每年轮流举办一次，由三地党政领导参加，负责协商重大事宜，推进重点工作。成立负责统筹协调合作区各项工作的协调委员会，协调委员会办公室设在乌兰察布市区域合作交流办，委员由各地市级有关领导担任，负责研究制订乌大张合作区区域合作重大规划，检查督促和统筹协调区域合作重大事项，部署区域合作重点工作，集中推进区域合作重大项目，组织三市与国家有关部门和三省区的政策对接，提出区域合作工作思路和意见。

2015年1月，时任内蒙古自治区主席巴特尔在自治区十二届人大三次会议上指出，要“全方位扩大开放，抓住国家实施‘一带一路’、京津冀协同发展、长江经济带三大战略带来的机遇，找准我区在国家发展战略中的定位，做好与国家规划的衔接配套，在融入和服务国家战略中拓展发展空间”。要“抓住京津冀产业转移的机遇，在乌兰察布、赤峰等地打造承接产业转移基地、发展‘飞地经济’”。❷

2015年3月，李克强总理在《政府工作报告》中指出，“拓展区域发展新空间，统筹实施‘四大板块’和‘三个支撑带’战略组合。在西部地区开工建设一批综合交通、能源、水利、生态、民生等重大项目，落实好全面振兴东北地区等老工业基地政策措施，加快中部地区综合交通枢纽和网络等建设，支持东部地区率先发展，加大对老少边穷地区支持力度，完善差别化的区域发展政策。”这是国家首次将东北振兴、中部崛起、东部率先发展和西部大开发概

---

❶ 李丽，王贤纲．“乌大张”旅游合作发展中的难点及对策研究［J］．前沿，2017（5）：35－39．

❷ 杨明霞，杨福和，冯生．探析新常态视域下“十三五”时期蒙晋冀（乌大张）长城金三角区域合作模式构建［J］．集宁师范学院学报，2017（1）：41－44．

括为“四大板块”，首次把“一带一路”、长江经济带和京津冀协同发展明确为“三个支撑带”。“三个支撑带”为地方发展带来新的机遇，为乌兰察布市、大同市、张家口市构建区域合作模式提供了良好契机。❶

2015年4月，中共中央政治局审议通过了《京津冀协同发展规划纲要》。《纲要》明确提出“支持蒙晋冀毗邻地区开展区域合作”，为乌大张地区开展政治、经济、文化交流提供了良好的外部环境，符合三市旅游业合作共赢的客观要求。❷

按照纲要要求和三省区领导指示精神，11月10日，国家发改委地区司、京蒙晋冀四省市区发改委和乌大张三市人民政府在乌兰察布市召开了“乌大张合作区建设进展情况调度会”。会上通报了合作区建设进展情况，商讨了推进合作区建设重点事宜，并对《规划》进行了研究讨论，提出了修改完善的意见建议，并共同商定由蒙晋冀三省区发改委分别向三省区政府上报，争取早日得到国家的批复。

2015年8月，以全力推进合作区《规划》制定，加快融入京津冀协同发展为主题的第二届“蒙晋冀（乌大张）长城金三角合作区联席会议”在大同市召开，国家发改委、北京市、天津市以及蒙晋冀三省区相关领导和部分专家学者出席。会议就乌大张合作区成立一年来的发展情况进行了回顾和总结，并签订了《协同推进蒙晋冀（乌大张）长城金三角合作区规划认同书》。

2015年8月4日，乌大张三市防震减灾联席会议在内蒙古自治区乌兰察布市召开。

2015年以来，三地还联合举办了“区域旅游合作先行先试暨辉腾锡勒（黄花沟）草原旅游区产品说明会”“首届乌大张苏木山登山节”乌大张国际自行车骑行大会、京津冀冰雪运动旅游体验季等活动。

2016年1月，京津冀协同发展领导小组办公室印发《“十三五”时期京津冀国民经济和社会发展规划》，明确了乌兰察布市、大同市在纳入京津冀协同

---

❶ 杨明霞，杨福和，冯生. 探析新常态视域下“十三五”时期蒙晋冀（乌大张）长城金三角区域合作模式构建［J］. 集宁师范学院学报，2017（1）：41-44.

❷ 朱晓敏，曹晓慧. “乌大张”区域文化旅游资源整合研究［J］. 城市旅游规划，2017（12）：132-133.

发展的定位，即“在产业承接、科技成果转化、农产品供应、生态建设、大气污染联防联控、能源资源保障、优质劳动力输送、生活必需品供应等方面打造协同发展区，实现协同共赢”。其间，三省区协同发展得到了国家发改委、省（市、自治区）党委、政府和发改委等部门的高度重视、密切关注和大力支持。此外，三省区分别将乌大张合作区纳入省区国民经济和社会发展计划中，并加以推动实施。

2016年9月，三市共同举办了首届内蒙古粮食产销协作洽谈会和首届乌大张三地粮食部门区域合作交流会。三地粮食部门就区域粮食部门合作交流达成共识：一是三地粮食部门要建立长效合作机制，采取定期分地会务的形式加强区域合作，增进相互之间的了解；二是全方位、多角度加强三地粮食企业之间的交流合作，互通信息、互通供需，实现合作共赢；三是在粮食应急供应、粮食供需及价格信息、粮油质量监测、粮食联合执法等方面要发挥好区域合作优势，共同促进三地粮食流通工作的健康发展。

2016年10月26日至28日，乌大张暨京晋冀蒙交界地震联防区2016年会议在山西省大同市云冈建国宾馆召开，来自北京市延庆区、山西省大同市、河北省张家口市、内蒙古自治区乌兰察布市地震部门的领导和科室负责人及专业人员参加了会议。

2016年12月1日，蒙晋冀（乌大张）长城金三角合作区税收合作第一届联席会议在大同市召开，三市共同签署了《蒙晋冀（乌大张）长城金三角合作区域税收协同共建框架协议》《跨区域税收管理协作实施意见》和《加强非正常户税收管理协作备忘录》，标志着以“互联网+涉税大数据”为支撑，以“三统一、三互助、两互认”为框架的税收合作在长城金三角合作区正式启动，长城金三角区域税收合作开启了“e时代”。

2016年，三地共接待国内外游客10655.3万人次，实现旅游收入1004.24亿元。[1] 三地充分发挥各自优势，加快实现区域旅游业的繁荣发展，取得了较好的成绩。

2017年11月13日至14日，2017年度晋冀蒙（乌大张）防震减灾联防会

[1] 李丽，王贤纲．“乌大张”旅游合作发展中的难点及对策研究［J］．前沿，2017（5）：35－39．

议在河北省张家口市召开。

2018 年 12 月 24 日，以“绿色发展合作共赢”为主题的 2018 年蒙晋冀（乌大张）长城金三角合作区第五届联席会议在大同市召开，三地积极推动绿色发展模式创新实现绿色合作共赢。

2019 年蒙晋冀（乌大张）长城金三角合作区第六届联席会议在张家口市召开。未来三市将在产业承接、农产品供应、生态建设、大气污染联防联控、能源资源保障、优质劳动力输送等方面打造协同合作区，无缝对接蒙晋冀规划。充分发挥北京 2022 年冬奥会的辐射带动作用，以冰雪运动旅游为龙头，共同打造区域旅游景区，发展冰雪产业，着力建设生态更优美、交通更顺畅、市场更开放的黄金合作区。

5.2 合作区协同发展的有利条件

建设蒙晋冀（乌大张）长城金三角合作区具有良好的整合条件。第一，乌大张三市同属一个文化圈。乌兰察布、大同与张家口处于蒙晋冀三省交会处，自古是连接北方游牧民族文化同中原农耕文化的一个纽带，在长城文化凝聚、联结的纽带作用下，各民族间形成了相互交融的亲缘关系，进而影响到三地历史文化、民族风情和风土人情相似或相近，同源同宗同族特征明显。第二，乌大张三市同属一个生态圈。三地各自扼蒙、晋、冀通衢之咽喉，历史上均为“京都门户”“塞外重镇”和“边贸通衢”，地处京津冀“上风上水”的生态源头区，既是京津生态安全的重要防线，又是祖国北疆安全稳定的重要屏障。第三，乌大张三市同属一个经济圈。三市依托优越区位成为连接东北、华北、西北的重要交通枢纽，在全国大流通中起着承东启西、沟通南北的纽带作用。❶

蒙晋冀（乌大张）长城金三角经济合作区，区位、交通、资源、生态等比较优势明显，是顺应经济一体化发展形势的必然选择，是落实习总书记

❶ 朱晓敏，李国精．“乌大张”文化旅游资源整合策略分析［J］．中国国际财经（中英文），2017(17)：218－219.

“三个跳出”重要指示精神的具体实践，是增强区域综合实力和竞争力、组团融入京津冀协同发展的重要举措，也是三地“十三五”时期加快发展难得的历史机遇。❶

区位优势成为建设蒙晋冀（乌大张）长城金三角合作区的先决条件。乌大张都是区域性交通枢纽城市。三市紧临“京津冀”经济区，张家口更是其组成部分，均处于北京、天津通往西北、华北的同一条旅游线路上，且相互间距离较近，交通顺畅，开通高铁1小时内可达。乌兰察布市、大同市、张家口市位于蒙晋冀三省交界处，区域内有京包、集通、集张、大准、大秦、集二（联接乌兰巴托、莫斯科的国际联运干线）与规划建设中的呼张客专（京呼高铁）、大西客专、大张客专等铁路通过，通往法兰克福的国际货运列车“如意”号始发乌兰察布，丰准、宣庞、宣烟等运煤专线覆盖区域；京藏、京新、二广、丹拉等高速，108、109、110、112、207、208、209国道，准兴重载、呼兴尚运煤专线等诸多干线公路贯穿区域；三市均有民用机场，其中，张家口机场与大同机场已运行多年；密集、完善的客货交通干线与区域优势将乌大张经济区与京津冀、呼包银榆、环渤海三大经济圈紧密结合，通过丝绸之路北达俄蒙、东欧、东北亚，南至港澳台、东南亚，成为进入东北、华北、西北三大经济圈和亚欧经济带的枢纽区域。此外，该区域公路发展迅速，截至2018年，张家口市年末境内公路总里程达21821公里，大同市公路通车里程达12715公里，乌兰察布市公路总里程达16389公里，密集而完善的交通干线将乌大张三市紧密结合。

目前，乌大张地区公路、铁路与民航共同组成了覆盖整个区域的综合交通网络。随着京呼（呼张）高铁、京大（大同—北京）高铁项目的报批建设，以及集宁支线机场的投入运营，三地将全部升级为“环首都1小时经济圈”。❷

长城文明奠定了建设蒙晋冀（乌大张）长城金三角合作区的人文基础。乌大张三市是中华文明的发祥地，从雁门、代群到张垣特区再到察哈尔特区，

---

❶ 刘政. 依托优势抢抓机遇兴和县积极参与乌大张长城金三角区域分工合作［J］. 实践，2016（12）：62－63.

❷ 朱晓敏，李国精. “乌大张”文化旅游资源整合策略分析［J］. 中国国际财经（中英文），2017（17）：218－219.

特殊的历史背景、地理位置和民族构成使三市人民的血脉里融合了农业文明和游牧文明，通过外长城联结、沟通、交流，构筑了三市共有的文化表现——和平、开放、交流、融合，以及精神体现——自立、自强、自信、团结、包容、爱国，相同的历史人文社会基础成就了三市人民共同的经济社会价值观。乌兰察布市与大同市、张家口市开展双边和多边的文化交流与合作，是这一区域内各族人民的美好愿望和共同期盼。

历史机遇促成了建设蒙晋冀（乌大张）长城金三角合作区的建立。蒙晋冀（乌大张）区域交流与合作，是落实习近平总书记视察内蒙古重要讲话精神与主动融入京津冀协同发展战略的重要举措。三市地区生产总值增速处于9%～11%的区间，固定资产投资增速处于18%～20%的区间，2018年，三市人均生产总值为12.13万元。分工合作、抱团赶超是三市党政班子共同的愿望。乌兰察布市依据能源、农牧、旅游土地、政策优势，构筑能源、精细化工和绿色农畜产品生产“三大基地”与现代化区域性中心城市、现代化区域物流中心、区域性草原文化旅游度假“三个中心”；大同市则发挥在能源产业发展中企业、技术、管理、人才等集群优势，发展新能源、装备制造、食品医药和文化旅游等产业；张家口市历史厚重、人文旅游资源发达，位于紧邻北京的京津冀经济圈内，将建设以装备制造、新能源等战略性新兴产业和现代服务业为主导的产业格局。三市联合，通过产业梯度承接将相同的产业做成集群，通过产业互补将不同的产业连成链条、编织成网，共同顺应京津地区对生态环境治理改善、城市功能疏解、要素外溢的趋势，利用京津冀人才、技术、资金和信息等要素及三市现已形成的专业化分工优势进行区域合作，发展新能源产业、装备制造业，强化生态安全、农畜产品开发流通和特色旅游合作，服务京津、保障华北，助力2022年成功申办冬奥会。

区域旅游资源是决定建设蒙晋冀（乌大张）长城金三角合作区的重要前提。乌兰察布市的草原旅游、蒙古族民俗旅游独具特色，有格根塔拉草原、辉腾锡勒高山草甸鲜花草原和察右后旗火山草原三大草原，特色鲜明，各具魅力。察哈尔文化、那达慕节庆内涵深厚，依托草原的草原文化得到了良好传承。同时，乌兰察布市与蒙古国有103.16公里的边境，边境游产品与线路成熟。特别是四子王旗载人航天“神舟”飞船主着陆场令人神往，“神舟家园”

享誉海外。大同市是历史文化古都，享有“佛国龙城”之美誉。境内古建筑、古遗址3000余处，现有各级文物保护单位346处，其中国家级文物保护单位23处，云冈石窟、恒山悬空寺等景点世界闻名，拥有以云冈石窟、北岳恒山为主体的多条精品旅游线路。张家口市以坝上草原、崇礼滑雪、桑洋河谷、历史文化四大旅游区为主，有泥河湾、黄帝城、元中都、大境门等珍贵历史遗存，同时还拥有蔚县剪纸、打树花、阳原背阁、康保东路二人台等一批国家级非物质文化遗产。三地草原风光、宗教文化、民俗风情、自然风光等旅游资源各有侧重、各具特色，具有很强的互补性。三地区域经济快速发展，旅游投入持续增加，旅游产业规模不断扩张，基础设施建设步伐加快，旅游公共服务体系日趋完善（见表5-1）。[1]

表5-1 “十三五”期间乌大张旅游发展情况

地区	旅行社	A级景区景点	星级宾馆	从业人数
乌兰察布市	49家	10处	33家	直接：5万人；间接：20万人
大同市	79家	10处	34家	直接：2万人；间接：11万人
张家口市	92家	64处	67家	10万人
合计	220家	84处	134家	48万人

数据来源：乌兰察布、大同、张家口旅游局。

能源优势是决定建设蒙晋冀（乌大张）长城金三角合作区的重要条件。乌兰察布矿产资源富集，以兴和县为例，截至2018年，兴和县主要矿产有石墨、钼、膨润土、铁矿石、高岭土等30多种，其中石墨矿储量6500万吨，钼矿石储量23.8亿吨，膨润土矿储量1.8亿吨，均属国内大型优质矿。测明风速大于5.6米/秒的风场面积500多平方公里，风电装机容量可达300万千瓦以上。苏木山森林公园和察尔湖生态旅游度假区获评国家4A级旅游景区，藏传佛教佑安寺遗址、涝利海、大青山、南官草原和桃花岭等旅游资源极具开发潜力。

气候、生态优势是决定建设蒙晋冀（乌大张）长城金三角合作区的重要基础。三地气候同属中温带大陆性干旱季风气候，夏季风清气朗、清凉舒爽，

[1] 李丽，王贤纲．“乌大张”旅游合作发展中的难点及对策研究［J］．前沿，2017（5）：35-39.

格外宜人，既是度夏首选地，也是京津都市圈人群假日游、周末游、自驾游最为便捷的地区。乌大张地区生态环境优势明显，以乌兰察布市兴和县为例：兴和县在实施天然林保护、京津风沙源治理、永定河上游流域治理和退耕还林等国家重点生态工程的同时，全面推进城镇、园区、矿区、景区、通道、村屯等重点区域绿化，五年累计完成生态治理面积69万亩，全县森林覆盖率和林草覆盖度分别达到22%和51%。

生产要素优势是决定建设蒙晋冀（乌大张）长城金三角合作区的重要条件。乌大张地区生产要素存在明显优势，同样以乌兰察布市兴和县为例：截至2016年，兴和县工业用地分三个类级，一类为8.07万元/亩，二类为5.87万元/亩，三类为4.13万元/亩。工业用水价格为4.5元/吨，居民用水价格为3.3元/吨。全县有丰富的富余劳动力资源，33万人口中有近10万人外出务工，大多数成为熟练工人，为承接产业转移奠定了基础。[1]

乌兰察布市、大同市、张家口市文化交流合作的政治优势——在国家加快自由贸易区建设、京津冀协同发展规划全面实施、京津地区产业转移、内蒙古自治区提出“8337”发展思路的时候，乌兰察布市率先提出蒙晋冀（乌大张）长城金三角区域合作新格局的战略构想，是抢得发展先机的重要发展思路。

蒙晋冀（乌大张）长城金三角区域合作的提出，有利于加快推进乌大张区域经济合作的建设与繁荣，全面推动乌大张区域交流合作和产业互动，树立乌大张三地经贸、区域品牌的认同感和信任度，加快推进三地生态建设和现代宜居城市建设城镇化，加快推进三地体制改革走向深入，发展乌兰察布市、大同市、张家口市三地交流和产业互动。通过区域间多层面的沟通交流，相邻省区间产业的和谐发展得到了有效的促进发展，有助于地区间增进互信和全方位合作。蒙晋冀（乌大张）长城金三角地区主动融入京津冀协同发展和中蒙俄经济走廊建设，实现多边区域合作，特别是加强乌大张三地交流和产业合作，能够更好地实现国家的发展战略，符合内蒙古自治区“8337”发展思路，也

---

[1] 刘政．依托优势抢抓机遇兴和县积极参与乌大张长城金三角区域分工合作［J］．实践，2016（12）：62－63．

是三地创新发展的必然选择，更是乌大张区域事业发展的新契机。[1]

三市地缘关系密切，商旅相通，有着较强的产业互补性，民间、部门自发合作交流历史已有数十年。建设蒙晋冀（乌大张）生态经济区是根据乌兰察布市、大同市、张家口市地区生态资源的多样性和生态环境的类似性、生态保护的重要性以及经济区协作的可能性，通过调查研究分析的基础上提出来的战略构想。建设蒙晋冀（乌大张）生态经济区，需要乌兰察布市、大同市、张家口市三个城市的合作。三市应该从整体着眼，立足蒙晋冀，面向京津冀，整合资源，在政策、机制、基础设施等方面为建设蒙晋冀（乌大张）生态经济区提供战略保障。

---

[1] 李俊，陈小明．蒙晋冀（乌大张）长城金三角文化交流与文化产业互动探微［J］．前沿，2016（2）：16－22．

第 6 章　合作区产业协同领域

乌兰察布市、大同市、张家口市三地产业门类态齐全且各具特色，乌兰察布市第二产业相对比重大，大同市第三产业相对比重大，张家口市第一产业相对比重大。三地产业既有同构性，又具互补性。

6.1　产业协同主要领域

6.1.1　农业领域

在农牧业产业方面，乌兰察布市土壤肥沃、水草丰美，农畜产品量大质优无污染，是全国重要的绿色农畜产品生产加工输出基地，而大同市、张家口市靠近京津大市场，加之城市人口较多，是绿色农畜产品的消费前沿。由于气候差异，三地蔬菜可以错季错峰上市、实现均衡供应，三地合作建设绿色农畜产品生产加工输出基地潜力巨大，在保证自给的同时，也可以满足京津等中心市场的需求。

三市均获得了国家园林城市称号，三地林业部门签订了《乌大张三市森林生态安全区域协作框架协议》；三市环保部门签订了《蒙晋冀（乌大张）长城金三角合作区环境监测协作备忘录》，联合建立环境监测数据共享、应急监测联动、大区域生态环境联合监测、技术学习交流机制；同时，乌兰察布市环保局与大同市环保局在丰镇市饮马河黄土沟国控出境断面建立了每月一次的联合监测机制，为两市水质管理提供科学依据。三市气象部门签订了《区域气象联防合作协议》，建立重大社会活动气象保障服务协调联动机制；三地已实现气象数据信息共享，并在三市气象预报同步播出三地天气状况。

三市农业部门签订了《三地动物疫病防控和动物产品安全签订动物疫病联防联控工作协议书》，共同举办特色农产品产销对接会。兴和县拓宽在大同和张家口两地马铃薯、新鲜蔬菜等农产品供应渠道；凉城县引进大同市海高牧业公司投资项目，规划总投资 3.8 亿元，新建一处万头乳肉兼用牛科技示范现代牧场，该项目预计 2017 年投资 1.3 亿元，现已开工。

三市经信部门签订了《蒙晋冀（乌大张）长城金三角产业合作备忘录》；兴和县与大同市阳高县合作共建的产业园区、丰镇市与大同市新荣区共建园区正在积极推进。截至 2018 年，乌兰察布吸引晋冀两地投资项目 53 项，累计投资 281.3 亿元，其中，河北省投资 28 项 84.6 亿元，山西省投资 25 项 196.7 亿元。

6.1.2　工业领域

在能源产业方面，大同是“中国煤都”，煤炭生产输出占有很大份额；乌兰察布是自治区和国家的重要能源输出基地，是“西电东送”的桥头堡；张家口正处在华北较大的电力负荷中心，三地形成了较完整的上下游能源产业链条。❶

由于我国长期以来在非金属矿产资源的深加工技术方面与发达国家有着较大差距，非金属产业发展效益不明显，使得非金属矿的开发利用与重视保护程度不够。

碳材料被称为“21 世纪最有希望的材料”。尤其在近几年，随着“石墨烯”的发现，天然石墨以其独特功能与稀缺性，成为工业化国家必争的战略性原材料。而我国却依然只是产业链条中的原料供应者。中国的石墨储量只占世界的 45%，但产量却占世界的 85%，现阶段多数是以原矿或初级加工产品出口。内蒙古自治区乌兰察布市近年虽对石墨矿山进行了资源整合，率先清理了一些小企业的低水平开采，积极引入龙头企业加大投入力度，在产品深加工方面也有了很大的进步，但由于石墨深加工技术所限，资源的优势远未得到充分发挥，仅仅停留在细粒、超细粒的加工上。

---

❶ 张国卿，等. 国际视角下的中国煤炭产业竞争力分析［J］. 中国高新技术企业，2009（23）：70－71.

近年，发达国家在萤石的开发利用技术上有了很大进步，萤石已成为现代工业中重要的矿物原料，许多国家已将萤石列入战略性资源进行储备。我国的萤石资源相当丰富，但储量只占世界的7%。而在萤石的国际市场贸易中，我国却又是主要出口国家之一，萤石产量在2011年占全球产量的55.84%。自2003年以来，国家开始严格控制萤石的出口，在勘查和开发上将其列为总量控制矿种。萤石贸易开始由外销为主逐步转为内贸为主。但在消费结构上，依然与国外发达国家有着一定差距。内蒙古自治区乌兰察布市有着丰富的萤石资源，近年在发展氟化工业方面也在进行着积极的努力，但在技术装备水平和所用技术方法等方面依然存在着很大的差距。

对电气石的认识，更多的人仅是停留在宝石级的电气石（碧玺），而对非宝石级的电气石的用途未能高度重视。事实上，随着世界上对电气石的应用研究的开展，其许多新特性被发现，尤其是其永久性自发极化效应，具有发射远红外线、释放负离子、电磁屏蔽和水处理等优良的环境功能属性，被称为“环境警察”“空气维生素”。目前，日本就有120余种有关电气石在人体健康、环境保护领域的产品问世。内蒙古乌兰察布市的电气石资源享誉海内外，但在开发利用甚至保护方面落后太多。比如，在多名学者的研究文章中提到，具有高品位、高纯度的特性的四子王旗卫境苏木的电气石矿，曾被大量走私出口到日本、韩国等国。非金属矿产资源的开发方面，更多的乱象发生在销售领域，由于大多为原料销售，市场秩序混乱，竞相压价成为常态，致使资源低价流失海外。除此之外，乌兰察布市非金属矿中，硅藻土和膨润土也比较富集。硅藻土，作为21世纪最具生态环保的环境新材料，被誉为“孕育生命的海底草原”；膨润土，在“三废”的处理方面功能独特。❶

6.1.3 社会发展领域

（1）文化产业。

放眼全国，乌大张长城金三角地区多姿多彩的文化资源得天独厚。乌兰察

❶ 郝俊峰，高征西，闵慧．浅析我国潜在优势非金属矿产资源的开发利用与保护——以内蒙古乌兰察布市石墨、萤石、电气石矿为例［J］．西部资源，2015（2）：86－91.

布市的草原旅游、蒙古族民俗旅游独具特色。如乌兰察布市的辉腾锡勒草原旅游、格根塔拉草原那达慕大会、集宁国际马拉松等品牌项目，正在发掘的集宁路遗址、正在筹建的集宁路文化古城、新创意的“印象·乌兰察布”等项目，以及拟订的“蒙晋冀（乌大张）金三角文化交流合作发展规划”和“蒙晋冀金三角文化产业互动计划”项目纳入交流合作中心项目库。❶

乌兰察布市旅游资源具有世界级的优越品质和开发优势，资源品位和集聚度全区唯一、国内少有。凉城县作为乌兰察布市中国草原避暑之都的核心区，自然资源得天独厚，有高山、森林、湖泊、草原、湿地、田园风光等，为旅游开发提供了丰厚的资源依托；它还有丰富的历史、宗教、名人、红色文化等人文资源，北魏遗迹、古代战争遗迹，特别是绥蒙革命纪念园、贺龙革命活动旧址是展现乌兰察布红色革命历史，歌颂和缅怀革命英烈的爱国主义教育的重要基地，2011 年被国家确定为红色旅游经典景区，是内蒙古自治区唯一一处全面展示内蒙古革命史的纪念园区。同时凉城县浓郁的民族文化风土人情也极具特色。2014 年，乌兰察布市委、市政府着眼旅游业为支柱产业，大力发展旅游业，专门组建成立了市政府直属国有独资企业乌兰察布市旅游集团公司。❷

大同市是历史文化古都，重点打造以云冈石窟、恒山两大景区为主的多条旅游产品线路。张家口市以坝上草原、崇礼滑雪、桑洋河谷、历史文化四大旅游区为主。

张家口市位于京津冀蒙四省交会处，区位优势明显，市内拥有丰富的旅游资源，但在环京津地区并不是旅游资源强市，也有着强劲的旅游竞争对手。现有的旅游资源优势，也并没有充分结合区域旅游“梯度差”，旅游经济发展滞后问题已经迫在眉睫。为了推动张家口市旅游经济的发展，并为该市参与环京津休闲旅游产业带建设的运作提供决策支持，本书在分析其旅游主导产业发展现状及存在问题的基础上，针对张家口市旅游发展的未来远景展开规划，以求进一步推动张家口市旅游产业转型升级和加快建设京西北重要的休闲旅游目的

---

❶ 尚好，王猛．“统筹协进”在低碳经济背景下区域合作中的运用——以乌大张长城金三角合作区为例［J］．中国商论，2018（11）：125－128.

❷ 立足旅游资源优势创建旅游景区新品牌——乌兰察布市旅游集团凉城岱海国际滑雪场开发纪实［J］．实践（思想理论版），2016（12）：56－57.

地城市的步伐。[1]

三地处于京津通往华北、西北的同一条旅游线路，景区多样化特征明显，旅游客源市场开发、旅游产品打造方面有着较强的互补性，三方已成为互相之间重要的旅游目的地和客源地。

三地可从旅游和体育交流入手，打造文化交流文化产业互动的知名品牌。如乌兰察布市以“察哈尔婚礼”、阿斯尔等为代表的民族传统歌舞品牌，以“印象·乌兰察布”、草原那达慕为代表的节庆文化品牌，以老虎山、白泉山、霸王河为代表的“草原避暑之都”生态品牌，以集宁战役纪念馆、察哈尔民俗博物馆等为代表的文博品牌，以葛根塔拉草原、辉腾锡勒草原、岱海、苏木山、察右后旗火山为代表的自然生态旅游文化品牌，以集宁皮革、察右后旗毛绣等“一地一品”为代表的民间工艺品牌，以集宁国际马拉松、环霸王河公路自行车赛等为代表的新兴体育产业品牌，等等。

三地以引进国内外知名文化产业企业为重点，培育本土新兴文化产业。如乌兰察布市可利用交通和区位优势，重振卓资图书市场，利用畜牧业资源和集宁皮革市场，大力发展特色服装、奶食品加工、餐饮等民族传统产业和旅游配套产业。

将蒙晋冀（乌大张）长城金三角文化交流合作和文化产业互动置于蒙晋冀（乌大张）长城金三角区域合作建设的进程中，作为区域社会经济发展的重要支柱来培育。通过具体的政策措施推动，促进区域内文化交流和产业合作，实现蒙晋冀（乌大张）文化交流合作和文化产业跨越式发展。

以蒙晋冀（乌大张）长城金三角区域文化发展为重点，注重挖掘三地历史文化，展现三地现代文化发展，培育新兴文化产业及其市场运作模式，突出乌兰察布—大同—张家口区域文化特色和文化产业功能配套，开展全方位的文化、艺术、旅游、体育等合作与交流，共创乌兰察布—大同—张家口文化交流合作和新兴文化产业的社会经济价值。

以乌兰察布市集宁区、大同市城区、张家口市城区为核心区，三市区域内

[1] 吴璇欧，孔伟．张家口市旅游产业发展现状及远景分析［J］．河北北方学院学报（社会科学版），2012（2）．

的县（旗、市、区）为辐射区，京津冀晋周边重要城市为战略合作伙伴和技术资金支持地区，协同推进蒙晋冀（乌大张）长城金三角文化产业开放区的建设和发展。在核心区的园区地点选择上，乌大张三地可协商各选其一或落地一处，也可依托乌兰察布—大同—张家口的核心商务区、经济技术开发区，借力发力，还可利用如集宁路古城、大同古城，建设全新的文化产业园区。

以产业互动、文化交流为抓手，以政策指导、区域协作为手段，以增进蒙晋冀（乌大张）长城金三角地区经济快速发展、民众安居乐业为目标，充分发挥内蒙古融入京津冀协同发展、对接俄蒙欧的大通道作用，不断深化蒙晋冀（乌大张）在经贸合作、生态建设、社会发展等领域的交流与合作，努力把乌兰察布市建设成为内蒙古率先对接京津冀晋、融入京津冀协同发展的先行区，推动蒙晋冀（乌大张）长城金三角区域合作上升至省（区）际合作发展的国家战略层面，加强文化交流与文化产业互动。

指导原则互利互惠、合作发展，打造特色、开放共享，是乌兰察布开展与大同、张家口文化交流与合作的目的。在蒙晋冀（乌大张）长城金三角区域合作的总体规划框架下，加强乌兰察布市与大同市、张家口市三地间文化的交流与融合，传承民族优秀传统文化，打造区域特色文化产业品牌，在合作共享中开放三地文化市场，提高三地文化在更广领域的核心竞争力，以实现共赢发展。[1]

作为蒙晋冀（乌大张）长城金三角博览会的重要内容之一，积极打造集宁国际皮革文化产业博览会、马铃薯文化产业博览会等文化合作模式，汇聚优秀的文化产业企业，展示精美的文化艺术品，交流成熟的文化创意，洽谈深度的文化产业合作。以集宁师范学院、山西大同大学、河北北方学院为依托，整合乌大张三地学术力量，开展蒙晋冀（乌大张）长城金三角区域文化理论和决策研究，推动三地文化理念、文化产业创意、文化交流形式和文化科技创新的全面合作与进步。在区域中心城市集宁和大同、张家口，培育区域文化产业中心，吸引文化产业战略投资者，研发新兴文化产业产品，发展以蒙晋冀

[1] 李俊，陈小明. 蒙晋冀（乌大张）长城金三角文化交流与文化产业互动探微［J］. 前沿，2016（2）：16－22.

（乌大张）长城金三角文化产业园区为核心的蒙晋冀文化产业集群，形成共同的产业运行链条，实现规模化、集约化发展。

但是乌大张三市均处于我国北方，这一地理位置的旅游旺季集中于每年的5～10月，旅游经营与开发受限于季节变化，单一、雷同的文化旅游产品严重忽视了游客体验，在一定程度上限制了区域内文化旅游的可持续健康发展（见表6－1）。

表6－1　乌大张区域文化旅游资源概况

地区		乌兰察布市	大同市	张家口市
种类	物态类	集宁路遗址、大窑文化、岩画、古长城遗址、察哈尔文化、西口文化、红色文化	云冈石窟、悬空寺、恒山、华严寺、新平堡镇、平型关战役遗址、大同煤矿“万人坑”遗址、桃花山景区、乌龙峡	泥河湾、黄帝城、元中都、大境门、鸡鸣山北魏石窟、张家口火车北站、八里辽墓、贺家大院、万全城、昭化寺
	动态类	察哈尔婚礼、那达慕、祭敖包、祭火、隆盛庄秧歌、四脚龙、九曲黄河、门楼调	广灵剪纸、中路棒子、耍孩儿、挠搁、云冈乐舞、垒旺火	康保东路二人台、蔚县剪纸、打树花、阳原背阁、蔚县社火

资料来源：朱晓敏，曹晓慧．乌大张区域文化旅游资源整合研究［J］．城市旅游规划，2017（12）：132－133．

（2）产业转移。

蒙晋冀（乌大张）长城金三角经合区是京津冀首个合作区，打造乌大张、融入京津冀、对接俄蒙欧是其明确的发展定位。承接京津冀产业转移是蒙晋冀（乌大张）长城金三角合作区域推动经济实现高质量增长的重要契机。京津冀区域因发展战略调整需要对部分产业资源进行转移，蒙晋冀（乌大张）长城金三角合作区域在承接京津冀区域部分产业资源方面具有先天优势，如自然资源丰富、人力成本低廉、政府政策支持等，但也存在不足，如地区壁垒制约、生态环境脆弱、经济结构单一等。为了提高承接京津冀区域转移产业的能力，蒙晋冀（乌大张）长城金三角合作区域应采取强化区域顶层设计、优化区域经济结构、健全财税支持政策、完善金融服务体系、建立生态补贴机制等措施改善区域产业发展环境。

产业转移是指不同经济水平的区域之间因资源需求要素发生流动而引发的区域间产业重新配置，主要表现为产业的空间迁移。

随着时间的推移，某个区域的产业发展会出现饱和的状态，此时，该区域会结合本地的资源情况重新配置产业结构，即从全面发展各类产业转变为重点发展优势类产业，具体为优先发展高梯度产业，差别培育中梯度产业，积极转移低梯度产业。因此，当某个区域产业发展实现一体化时，其资源要素必然会出现配置瓶颈，部分产业可能将不适合区域的城市功能定位。此时，就需要重新寻找一个潜在区域承接该区域溢出的产业。

三地具有共同承接京津冀等环渤海地区产业转移的良好基础。比如，面向北京，主动抢抓北京市城市大变革，疏解首都功能、产业转移、要素外溢的有利时机，承接一些非关国家经济命脉的央企、制造业、公共服务及商贸流通企业，加强向北京市清洁能源、绿色农畜产品方面的供应合作，推进与中关村、大兴区合作共建园区建设。面向天津市，加强清洁能源、化工、口岸物流、绿色农畜产品产销等方面合作。面向河北省，在制革产业、装备制造、化工及陶瓷等方面进行合作等，这对于三地与京津冀大力发展“总部经济”“共建园区”“飞地经济”等合作模式实现区域产业对接，促进产业转移和区域协调发展起到重要作用。

产业转移是经济发展到一定阶段的必然产物。每个区域的产业发展都具有梯度性的，即不同区域因自然条件、社会条件、经济条件等存在差异表现为不平衡的发展特征。

为推动区域经济协同发展，我国重点实施了“一带一路”、京津冀协同发展、长江经济带三大战略。其中，《京津冀协同发展规划纲要》明确提出：“支持蒙晋冀毗邻地区开展区域合作。”这意味着国家高度重视蒙晋冀（乌兰察布—大同—张家口）长城金三角经济合作区建设。

蒙晋冀（乌大张）长城金三角合作区基于三大产业布局下的产业发展模式，抓住机遇，找准在国家发展战略中的定位，做好与国家规划的衔接配套，在融入和服务京津冀协同发展国家战略中拓展发展空间，加快推进蒙晋冀（乌大张）长城金三角经济合作区建设。下文是对京津冀三地产业发展模式的分析：

① 北京区域产业发展模式为“三二一”模式，即以第三产业发展为主，第二产业发展为辅。从表6－2中北京市产业结构分布情况可见，自2010年来，北京市区域第三产业的比重呈现稳步上升趋势，而第一、第二产业的比重总体呈现逐年下降的趋势，其中第一产业的比重不足1%。可见，第三产业为北京区域经济增长的关键贡献点。

表6－2　2010—2018年北京市产业结构分布情况

年份	地区总产值（亿元）	第一产业		第二产业		第三产业	
		产值（亿元）	占比（%）	产值（亿元）	占比（%）	产值（亿元）	占比（%）
2010	14113.60	124.40	0.88	3388.40	24.01	10600.80	75.11
2011	16251.90	136.30	0.84	3752.50	23.09	12360.10	76.07
2012	17879.40	150.20	0.84	4059.30	22.70	13669.90	76.46
2013	20330.10	159.80	0.79	4392.80	21.61	15777.40	77.61
2014	21944.10	159.20	0.73	4663.40	21.25	17121.50	78.02
2015	23685.70	140.40	0.59	4660.60	19.68	18884.70	79.73
2016	25669.10	129.80	0.51	4944.40	19.26	20594.90	80.23
2017	28000.40	120.50	0.40	5310.60	19.00	22569.30	80.6
2018	30320.00	188.70	0.40	5647.70	18.60	24553.60	81.00

数据来源：北京市历年统计年鉴。

根据北京市2018年公布的统计数据，北京市第三产业受益于供给侧改革政策的影响，呈现蓬勃发展的态势，其第三产业发展主要集中于信息服务行业、高科技服务行业、文化创意产业、交通服务行业、批发及零售行业等，而第三产业实现的增加值已经占到本地区生产总值的80%以上。北京市重点发展第三产业从根本上讲是取决于北京作为“全国政治中心、文化中心、国际交往中心、科技创新中心”的城市功能定位，因此，对于非北京城市功能定位的产业必将逐步实现转移，淡出北京产业结构的视野。

② 天津区域产业发展模式为“三二一”模式，即以第三产业发展为主，第二产业发展为辅，第一产业为补。从表6－3天津市产业结构分布情况来看，自2010年来，天津区域第三产业的比重总体呈现上升趋势，而第一、第二产

业的比重呈现相对稳定且略带下降的趋势。可见，第三产业为天津区域经济增长的核心贡献点。

表6－3　2010—2018年天津市产业结构分布情况

年份	地区总产值（亿元）	第一产业	第二产业	第三产业
		占比（%）	占比（%）	占比（%）
2010	9224.46	1.60	5.00	45.30
2011	11307.28	1.30	51.70	47.00
2012	12893.88	1.30	51.70	47.00
2013	14442.01	1.30	50.60	48.10
2014	15726.93	1.30	49.40	49.30
2015	16538.19	1.30	46.70	52.00
2016	17885.39	1.20	44.80	54.00
2017	18595.38	1.20	40.80	58.00
2018	18809.64	0.90	40.50	58.60

数据来源：天津市历年统计年鉴。

根据天津市2018年公布的统计数据，天津市第二产业的发展主要集中在能源加工及冶炼行业（如石油、电力、燃气等）、通信电子行业、建筑行业、汽车制造行业等。天津市作为典型的工业城市，其第二产业产值原来一直是本地区生产总值的主要构成部分。作为京津冀一体化的重要城市，近年来天津市也开始推行城市转型战略，在承接北京市转移的第二产业时，积极重构产业结构，逐渐转变为以第三产业为主的产业结构，实现主要依靠知识和技术驱动城市发展。

③ 河北区域产业发展模式为“二三一”模式。其与天津区域产业发展模式具有一定差异性，体现为以第二产业发展为主，第三产业发展为辅，第一产业为补。但从表6－4河北省产业结构分布情况来看，河北区域第二产业的比重有所下降，同时，第三产业的比重也呈现总体上升的趋势，占据主导地位，第一产业的比重总体呈现下降的趋势，但幅度较小。可见，第二产业是河北省经济增长的主要贡献点。

表6－4　2010—2018年河北省产业结构分布情况

年份	地区总产值（亿元）	第一产业		第二产业		第三产业	
		产值（亿元）	占比（%）	产值（亿元）	占比（%）	产值（亿元）	占比（%）
2010	20394.26	2562.81	12.57	10707.68	52.50	7123.77	34.93
2011	24515.76	2905.73	11.85	13126.86	53.54	8487.00	34.60
2012	26575.01	3186.66	11.99	14003.57	52.69	9384.78	35.31
2013	28442.95	3381.98	11.89	14781.85	51.97	10279.12	36.14
2014	29421.15	3447.46	11.72	15012.85	51.03	10960.84	37.25
2015	29806.11	3439.45	11.54	14386.87	48.27	11979.79	40.19
2016	32070.45	3492.81	10.89	15256.93	47.57	13320.71	41.54
2017	35964.00	3507.90	9.20	17416.50	46.60	15039.60	44.20
2018	36010.30	3338.00	9.30	16040.10	44.50	16632.30	46.20

数据来源：河北省历年统计年鉴。

根据河北省2018年公布的统计数据，河北省第二产业的发展主要集中在资源型产业方面，如煤炭、石油、核燃料、黑色金属、电力、热力等行业。河北省作为老牌的资源聚集省份，是京津冀一体化产业的主要承接城市，主要承接北京和天津转移的资源密集型产业，城市定位为以传统产业转型升级为主线，并积极拓展延伸产业发展的新空间。❶

6.2　产业协同辅助领域

乌兰察布、大同、张家口三市同属能源矿产品富集区和生态功能区，总体上同处一个经济圈、生态圈、文化圈，有着相似的资源禀赋和较强的产业互补性，具有建设合作区的良好基础和有利条件。

乌大张是地处蒙晋冀三省区交界处的三个城市，地缘关系密切，自然、社会经济条件相似，但由于自然历史条件、地理区位、经济基础、资源禀赋以及政策等多重因素的影响与制约，深入建立和完善区域合作的一体化协同发展模

❶ 安锦，丁宁．承接与融合：蒙晋冀与京津冀产业协同发展研究［J］．前沿，2018（3）：66－75.

式，逐步形成区域经济交流与合作的长效运行机制，全面推动乌大张城市群的区域城市化、社会经济与生态环境的协调发展，日益成为乌大张区域合作的重要课题。今后需逐步建立区域生态环境承载能力支撑下的区域经济发展目标协同体系，建立完善合理的区域经济合作联动机制，在持续稳步推进工业化和快速城市化城市建设的同时，协同提高生态环境质量与水平，充分提高自然资源利用率，积极引导和发展绿色产业，积极拓展城市经济联系之间的关联产业，推动城市化进程中社会经济与生态环境协同发展的新型增长极。❶

6.2.1　环境保护❷

建设蒙晋冀（乌大张）生态经济区，应加快实施金融创新，大力发展绿色金融，围绕绿色债券如何助力乌大张绿色转型，把脉开方、献策支招。

近年来，乌兰察布市委、市政府高度重视环境保护，按照“建设祖国北方重要生态安全屏障”的总体要求，确立了“生态立市”发展战略，将生态建设放在优先发展的突出地位，生态环境建设取得了显著成效，城市绿化水平位居自治区前列。但是乌兰察布市也存在一些环境保护不到位、人民群众环境权益受到侵害等情况。为顺应群众期待、呼应群众关切，打好污染防治攻坚战，乌兰察布市先后多次召开污染防治系列会议，安排部署污染防治攻坚工作，以更大的决心打好污染防治攻坚战，以更务实的举措推动建设良好的生态环境，共同构筑美丽的乌兰察布。

借助国家的大好政策机遇，大同市抢抓先机，积极寻找经济发展新途径，把绿色金融作为绿色转型的重要抓手，加快推进绿色金融发展，誓把“煤都”变“绿都”，实现经济绿色转型。2016 年 9 月 21 日，大同绿色金融发展高层战略研讨会在北京召开，通过了《关于支持大同绿色金融创新的共同文件》。2016 年 10 月 12 日，又召开绿色金融规划框架研讨会，具体对接部署相关工作。大同金融基础稳固良好，但结构问题较为突出、金融工具少、创新水平较

---

❶ 赵永峰，郑慧．乌大张城市化、社会经济与生态环境耦合协调发展的研究［J］．安徽农学通报，2018，24（14）：150 - 153.

❷ 李俊，陈小明．蒙晋冀（乌大张）长城金三角文化交流与文化产业互动探微［J］．前沿，2016（2）.

低，今后，着力在发行绿色债券、建立绿色基金、组建绿色银行等绿色金融方面寻求突破，以助推大同绿色产业发展。大同正在把绿色金融打造成大同绿色发展的新引擎。大同的做法，值得在蒙晋冀（乌大张）生态经济区内推广。

张家口市出台的《生态环境保护责任追究暂行办法》明确，对在落实生态环境保护责任过程中不履职、不当履职、违法履职、未尽责履职，导致产生严重后果和恶劣影响的责任人，依法依规进行责任追究。张家口肩负着首都水源涵养功能区和生态环境支撑区“两区”建设的重任，该办法的出台，对于当地生态环境的保护将起到积极作用。

改革开放以来，我国始终坚持对外开放的基本国策。在进一步加强与外界合作的过程中，高等学校起着重要的作用，支持高校创新功能实现的跨学科团队则是高校参与交流合作的尖兵。高校跨学科团队以知识整合为形式，以解决某一课题或项目提出的问题为出发点而设立。换言之，高校跨学科团队是以解决跨学科问题为目的的组织。这类组织往往具有天然的资源优势，能够调动一定范围内相应学科的各种资源，其中包括各学科的最新科研成果及研究方向，研究高校跨学科团队知识整合路径有一定的现实意义。

6.2.2 生态建设

三地同为京津生态屏障，是京津风沙源等国家重点生态工程的实施区域，加强生态合作，对于保障首都生态安全具有重要意义。

据内蒙古新闻网资料，2019 年以来，乌兰察布市下狠拳、出实招，建设园林城市、发展清洁能源、保护天然林等重点生态治理工程，构建城市空间与园林绿地相互渗透的城市山水园林生态体系，着力打造京津冀生态安全屏障。

据中国水利网站资料，自 2000 年以来，国家在山西投入 17 亿多元，开展京津风沙源治理工程水利水保项目。近 20 年来，山西省坚持“以人为本”的科学发展观，以建设环京津地区生态屏障、改善京津生态环境为主要目标。在项目实施中，将生态建设与促进项目区域经济社会发展相结合，将防风减沙与改善沙区生产、生活条件相结合，治山兴水、防风减沙项目建设取得了显著成效，在晋北大同、朔州、忻州沙区书写了守卫京津的绿色奇迹。

张家口市地处河北省西北部，与首都北京山水相连，是首都的重要生态门户，是北京、天津的重要生态屏障和水源地。作为全国重点林业生态建设地区之一，担负着为京津阻沙源、送清风、供净水的光荣而艰巨的重任。张家口市通过实施京津风沙源治理等重点林业生态工程，为护卫京津做出了巨大贡献。[1]

6.2.3　平安建设

三地同属京津护城河工程的实施地区，在维护稳定、排查化解社会矛盾工作中加强区域合作，实现互联互动、联防联控，有效地维护首都和国家社会稳定。

目前，三地倾力打造区域合作一体化平台，已经形成了“党政推动、市场带动、民间联动”的良好合作格局，正朝着目标同向、措施一体、作用互补、利益相连的路径推进。这既为提高本地区发展水平注入了新的活力，也预示着合作区协同发展的美好前景。三地党委、政府定期不定期地进行学习考察交流，建设经济合作区的认识和愿望高度一致，已在协同推进基础设施相联相通、产业发展互补互促、资源要素对接对流、公共服务共建共享、生态环境联防联控等方面提出了初步设想和建议，并在一些方面进行了积极探索，取得了明显成效。比如，晋冀蒙陕四省区十城市商务经济区域合作、锡乌张鼠疫联防、互建商会等多种合作均取得积极成果。

[1] 王海东. 张家口市走科学发展之路建首都生态屏障［J］. 河北林业，2010（2）.

第7章　合作区总体发展现状与影响因素

7.1　发展现状

7.1.1　政策措施实施现状

（1）合作性政策措施。

蒙晋冀政务服务中心联席会议由大同、张家口、乌兰察布三市政务服务中心于2012年倡议发起，并于2013年7月10日举办了首届联席会议。会议采取轮值承办的方式，已分别由乌兰察布市、大同市和张家口市轮值召开。

2016年8月25日至26日，乌兰察布市轮值召开第四届蒙晋冀（乌大张）政务服务中心联席会议，以加深三地政务服务工作交流学习，全力推进政务服务合作发展规划。此次联席会上，三地签署了合作备忘录，再次达成共识：建立三市政务服务中心网络信息合作机制，开通重大审批“绿色通道”，建立学习交流机制，建立共享市场信息数据库和验证互认机制，建立统一的电子化交易信息服务系统，建立建设项目中介机构诚信库，建立政务服务工作情况定期通报和反馈机制，并以此协定为三市政务服务中心合作的基本目标。

2017年10月，第五届蒙晋冀（乌大张）长城金三角合作区政务服务中心联席会议在大同市政务服务中心召开。联席会议签署了合作备忘录，就建立三市政务服务网络信息合作机制，建立统一的电子化信息平台，实现信息共享、验证互认，完善交易中介机构诚信体系建设，探索开展远程异地评标，构建“互联网+政务服务”，以及建立工作人员学习交流机制和工作情况定期通报反馈机制等项内容达成合作意向。

2018 年 12 月 13 日至 14 日，第六届冀晋蒙（张大乌）长城金三角合作区政务服务中心联席会议在张家口市宣化区顺利召开。会上，三地政务服务中心主要负责人就推进政务服务“一网、一门、一次”改革，审批服务便民化改革举措，“一网通办”“数据共享”“互认互通”等方面内容进行了深入交流。重点对当前行政审批工作面临的形势、存在的深层次问题以及未来发展等关键问题进行了深入探讨，对如何依据现有政策法规，制定切实措施，有效破解实际工作中难题的具体做法进行了广泛交流。

自蒙晋冀（乌大张）政务服务中心联席会议制度确立以来，通过互相交流学习，互通信息，取长补短，互相借鉴，为推进各地政务服务工作快速发展发挥了很好的桥梁和纽带作用。不仅顺应了国家“一带一路”和加快京津冀协同发展战略，成为冀晋蒙（张大乌）长城金三角区域合作的重要组成部分，将为三地在更广泛领域开展深度合作发挥积极作用，合作前景将更加美好。

（2）各自政策措施。

乌兰察布地区政治发展现状。2014 年 6 月 27 日，乌兰察布市人民政府印发《乌兰察布市经济体制和生态文明体制改革专项小组 2014 年工作要点分工方案》，提出要创新区域合作体制机制。深入推进蒙晋冀（乌大张）长城金三角经济合作区建设，组团融入京津冀一体化。完善京蒙帮扶合作机制。开展与呼包银榆、环渤海区域、长三角、珠三角、港澳台等地区的产业承接合作。乌兰察布市人民政府办公厅2015 年 3 月 17 日印发的《2015 年全市政府系统督查工作要点》强调，抓好深化改革开放重大决策部署的督查落实。抓好对外开放工作的督查落实。重点对蒙晋冀（乌大张）长城金三角合作区编制规划、进入国家区域合作战略体系以及在基础设施、产业发展、公共服务、生态环境等领域合作推进情况。2016 年 2 月，乌兰察布市人民政府《关于促进工业园区健康发展的意见》中指出，要主动适应新常态，把握新机遇，在积极融入和服务国家实施“一带一路”、京津冀协同发展、长江经济带三大战略中拓展发展空间；在加强蒙晋冀（乌大张）长城金三角合作区建设、对接俄蒙欧区域协同发展上全面提升产业对外开放水平。2019 年 4 月，乌兰察布市人民政府办公室印发的《2019 年全市政府系统政务信息工作要点》提出，推动区域协调发展。全市推动乌大张协同发展及周边地区转型发展，提高地区间道路通达水平的情况、遇到的困难和建议。2020 年 4 月 27 日在乌兰察布市第四届人民代表大会第三次会议上的《政府工作报告》中强调，要全面扩大对内对外开放。积极承接京津冀产业转移，加强与乌大张、呼包鄂的产业协作，深度参与中蒙俄经济走廊建设。

大同地区政治发展现状。2017 年 1 月，大同市人民政府办公厅《关于印发大同市十三五开放型经济发展规划的通知》中指出，十三五时期，我市开放型经济发展在新常态背景下，正在进入一个增长动力重构和发展方式转换的新阶段，乌大张金三角区域发展，融入京津冀协同发展以及环渤海经济圈战略，为我市提供了重要的历史发展机遇。2017 年 3 月，大同市人民政府印发的《大同经济技术开发区改革创新发展实施方案》强调，要制定具有竞争力和吸引力的招商引资优惠政策。2019 年 4 月 3 日，大同市人民政府在《关于下达大同市 2019 年国民经济和社会发展计划的通知》中明确提出，要继续推进乌大张长城金三角合作区建设。

张家口地区政治发展现状。2015 年 2 月 4 日在张家口市第十三届人民代表大会第三次会议上，张家口市市长侯亮所做的政府工作报告（2015 年）中提出，要积极参与建立乌大张经济合作区。

7.1.2 经济共赢发展现状

（1）经济方面总体发展现状。

蒙晋冀（乌大张）长城金三角合作区首届联席会议与 2014 年 8 月 18 日在乌兰察布市召开，三市共同签署“蒙晋冀（乌大张）长城金三角合作区共建协议”及 5 个专项合作协议。

2015 年 8 月 18 日上午，蒙晋冀（乌大张）长城金三角合作区第二届联席会议在山西大同召开，旨在全力推进《蒙晋冀（乌大张）长城金三角合作区域规划》，积极抓住京津冀协同发展、一带一路、北京和张家口联合举办冬奥的战略机遇期和黄金发展期。大同、张家口、乌兰察布三市签署了《协同推进蒙晋冀（乌大张）长城金三角合作区规划》认同书、森林生态安全区域协作框架协议、邮政行业区域合作战略框架协议、动物疫病联防联控合作协议、节能型石墨化炉建设合作项目、城中村改造合作建设项目、汽车销售和服务市场战略合作项目意向书、汽车销售和服务市场战略合作项目意向书。

蒙晋冀（乌大张）长城金三角合作区第三届联席会议于 2016 年 8 月 23 日至 24 日在张家口市召开。此次会议的主题为“协同发展正当时，三市合作铸辉煌”。山水相连、地缘相近、人文相亲的乌兰察布市、张家口市、大同市秉持“本是同根生，实为一家人”“抱团取暖、共赢发展”的理念，共商冬奥会筹备和奥运经济发展等大计，进一步夯实了蒙晋冀长城金三角合作平台，把长城金三角合作推向一个全新的高度。

2017 年 9 月 4 日上午，蒙晋冀（乌大张）长城金三角合作区第四届联席会议在乌兰察布市举行，此次会议由中共乌兰察布市委、乌兰察布市人民政府主办，大同市及张家口市协办，主题是“新动力新跨越一带一路倡议下的乌大张合作”。会上，乌兰察布市、大同市、张家口市三市签署了相关经济发展合作协议、合作区协调机构备忘录、集大高铁项目推进协议、生态环境保护合作框架协议，三市农牧业局、教育局、体育局、旅发委等部门分别签署业务合作协议，并同步召开三地企业家座谈会。

2018 年 12 月 24 日，一年一度的蒙晋冀（乌大张）长城金三角合作区联席会议在大同市举办。这是乌兰察布市、大同市、张家口市第五次召开联席会议，三地立足不同的发展优势，共谋最新的合作契合点、推动区域融合发展。

2019 年 10 月 25 日，蒙晋冀（乌大张）长城金三角合作区第六届联席会议在张家口市国际大酒店召开。此次会议由张家口市委、市政府主办，大同市及乌兰察布市协办。未来三市将在产业承接、农产品供应、生态建设、大气污染联防联控、能源资源保障、优质劳动力输送等方面打造协同合作区，无缝对接蒙晋冀规划。充分发挥北京 2022 年冬奥会的辐射带动作用，以冰雪运动旅游为龙头，共同打造区域旅游景区，发展冰雪产业，着力建设生态更优美、交通更顺畅、市场更开放的黄金合作区。

（2）经济方面各自发展现状。

①乌兰察布地区经济发展现状。2019 年全年全市地区生产总值完成 808. 4 亿元，按第四次全国经济普查修订数据后的同口径可比价计算，比上年增长 6. 2%。其中，第一产业增加值 128. 6 亿元，同比增长 2. 4%；第二产业增加值

316.4亿元，同比增长11.1%；第三产业增加值363.5亿元，同比增长3.6%。三次产业结构为15.9：39.1：45.0。第一、第二、第三产业对地区生产总值增长的贡献率分别为7.6%、67.8%和24.6%。常住人口人均生产总值达到38622元，同比增长6.5%。

②大同地区经济发展现状。2019年全年全市地区生产总值实现1318.8亿元，按不变价格计算，比上年增长6.7%。其中，第一产业增加值71.0亿元，同比增长3.1%，占地区生产总值的比重为5.4%；第二产业增加值490.7亿元，同比增长6.9%，占地区生产总值的比重为37.2%；第三产业增加值757.1亿元，同比增长6.9%，占地区生产总值的比重为57.4%。全市人均地区生产总值38122元，比上年增长6.4%，按2019年平均汇率计算为5526美元。

③张家口地区经济发展现状。2019年全年全市生产总值实现1551.06亿元，按可比价计算，增长6.9%。其中，第一产业实现增加值243.78亿元，同比降低1.3%；第二产业实现增加值445.41亿元，同比增长6.3%；第三产业实现增加值861.87亿元，同比增长9.7%。人均生产总值达35025元，比上年增长7.0%。三次产业增加值占全市地区生产总值的比重分别为15.7%、28.7%和55.6%。

7.1.3 文化融合发展现状

（1）文化方面总体发展现状。

乌兰察布市与大同市、张家口市的文化渊源深厚，有着和谐的交流合作基础。三地积极开展文化交流和文化产业互动，增进区域内历史文化和当代文化的相互认同，共同推动区域经济的合作与发展，把蒙晋冀（乌大张）长城金三角建设成内蒙古和山西、河北相互交流、合作的窗口和平台，为内蒙古与山西、河北在更多层面的合作创造浓郁的文化氛围，这对于提升蒙晋冀（乌大张）长城金三角合作区经济、社会的全面发展将起到十分重要的作用。

2017年6月16日，集宁师范学院校长朱玉东、副校长许卫一行赴山西大同大学参加乌大张高校教育联盟成立大会并与山西大同大学、河北北方学院和河北建筑工程学院签订联盟协议。乌大张三地地域一体、文化一脉，山水相依、血脉相连，同属一个经济圈、生态圈、文化圈，联盟可以充分发挥三地高校在人才培养、学科建设、科学研究、文化传承创新、科技成果转化等领域的优势资源，服务区域（地方）经济社会文化建设，通过建立联盟平台可以进一步破解学校发展难题，有效共享资源，推动持续发展，提高各校的办学质量和水平，共同开创跨越发展新篇章。三地高校负责人共同签署了《蒙晋冀（乌大张）长城金三角经济合作区高校发展联盟合作框架协议》。

（2）文化方面各自发展现状。

①乌兰察布地区文化发展现状。至2019年底，全市拥有艺术表演团体14个，其中，乌兰牧骑11个。现拥有文化馆13座，公共图书馆12座，博物馆10座，档案馆12座，已开放各类档案12.29万卷。广播节目人口覆盖率为99.24%，电视节目人口覆盖率为99.24%。

察哈尔文化是草原先民们在尊重自然条件、合理利用自然资源中创造出来的游牧文化，其的核心理念是“崇尚自然、包容并蓄、恪守信义、敬重礼仪、尚武爱国”。这不仅体现着草原文化的时代价值，也反映着草原民族生存和发展的重要精神，与草原文化的崇尚自然、践行开放、恪守信义的核心理念一脉相承，为蒙晋冀（乌大张）长城金三角区域合作提供了精神文化基础。

②大同地区文化方面发展现状。至2019年底，全市共有文化艺术馆11个，公共图书馆12个。博物馆16个，档案馆11个。全市共有广播电视台11个，中波发射台1座，微波站8座，有线电视网10个。广播人口覆盖率98.99%，电视人口覆盖率达99.50%，有线电视用户31.3万户。

③张家口地区文化发展现状。至2019年底，全市共有企事业性艺术表演团体69个，公共图书馆15个，群众艺术馆（文化馆）15个，乡镇（街道）综合文化站233个。联合国级非遗项目1项，国家级非遗项目5项，国家级非遗项目代表性传承人9人；省级非遗项目55项，省级非遗项目代表性传承人40人；市级非遗项目229项，市级非遗项目代表性传承人237人。全国重点文物保护单位53处（包括长城），省级文物保护单位110处。全年全市公共电视节目播出时间为65700小时，电视人口覆盖率98.1%。全年公共广播节目播出时间82125小时，广播人口覆盖率99.8%。

7.1.4 生态旅游发展现状

（1）生态旅游方面总体发展现状。

国家重点推进经济区位联动发展，国家明确提出“支持蒙晋冀毗邻地区开展区域合作”。乌大张长城金三角经济区的合作与开发就显得尤为重要。乌大张三地之间鉴于地理位置因素，交通便利程度，旅游资源天赋、人文风俗历史之间有着某种程度的相通，所以依托三地的资源优势，打造区域联动结聚，对提升三地城市形象十分有利，还能够积极带动区域经济社会的和谐发展，推动三地发展生态旅游。

乌大张三地已经加强了基础设施建设合作，公路、铁道、机场等交通设施建设已经趋于一体化，逐渐建立覆盖现代综合交通网；共同合作推出三地旅游“一卡通”项目。“一卡通”项目囊括了乌大张三地多数的旅游资源，游客能通用一卡通服务共享三地多数旅游景点，减少了游客的旅游时间与旅游成本。随着城市化的快速发展以及对外吸引力的增强，乌大张地区的人流、物流显著增大，商务旅行的人数增幅很大，生态旅游发展势如破竹。

（2）生态旅游方面各自发展现状。

①乌兰察布地区生态旅游发展现状。乌兰察布系蒙古语，为“红山口”之意。近年来，其越来越重视旅游业的发展，自 2017 年起，乌兰察布地区投入亿万元以上的旅游项目约 20 余个，包括集宁要塞文化产业园、集宁区世界动物乐园大型主题项目、察右前旗黄旗湿地保护及开发建设项目、卓资县隆胜湖湿地保护区、四子王旗大红山旅游区、兴和县桃花岭生态旅游景观区、兴和县大青山公园、兴和滑雪场、商都县云丹嘉措原始部落、四子王旗地热温泉、凉城县欧式风情温泉小镇、凉城马刨泉水世界等。由于其历史悠久，民风淳朴，如今整个乌兰察布地区以红色旅游和绿色生态旅游为主要特色。

②大同地区生态旅游发展现状。大同市地处山西省的北部，从古到今一直为边陲重镇，享有“塞上明珠”的称誉。大同市作为一座文化名城，历史悠久，拥有丰富多样的旅游资源。一方面，其绵延悠久的历史沉淀所形成的文化遗产，文化底蕴深刻而独到；另一方面，其地理位置加上形态多变的地容地貌、山川河流，自然景观独特。资料显示，大同市明确的文物保护单位有 300

多处，旅游景区景点大约有60处。云冈石窟与北岳恒山，享誉世界，是发展长城金三角地区生态旅游的“重量级”旅游产品。

③张家口地区生态旅游发展现状。张家口是我国重要的地理文化名城，被誉为“张库大道”经商通路。整个地区自然资源种类繁多，拥有形态多样的山川地貌，坝上拥有辽远的天然牧吧，从一定程度上集中了北方豪迈与南方温婉的城市个性，四季气候皆宜，是河北省空气质量最佳的区位城市，号称天然氧吧。全市有省级以上自然保护区三个，国家级和省级文物保护单位70多处，古城遗址约百处。其底蕴厚重的历史文化，兼具历史感与时代感的融合。

7.2　影响因素

7.2.1　自然地理因素

乌大张三市位于蒙晋冀三省交界处，京津冀、环渤海、呼包银榆三大经济圈接合部，历史上曾同属于察哈尔地区与长城经济带，地缘关系密切、生态环境相同、文化相近、商旅相通、产业互补、交通发达，地理位置得天独厚。三个城市由于地理环境和资源特点，清洁能源、农产品加工、旅游贸易都较为发达。三地矿产资源丰富，乌兰察布市是我国“西电东送”的必经之路，已经被我国列入区域承接产业转移规划中；大同市盛产煤炭，加快了煤炭产业升级的步伐；张家口市承担着电力输送任务，旅游资源丰富，是我国雾霾治理的一大城市，产业升级指日可待。

7.2.2　基础设施因素

乌大张区域内的基础设施建设正在逐步扩大。长城金三角区域的合作，为三地经济社会协同发展创造了一个更为开放的平台。三地组团融入京津冀协同发展，是合作区主动向国家区域合作战略靠拢的重大举措，是三地实现共赢的迫切需要，也是优化区域发展布局的有效途径。乌大张合作区是我国首个跨东、中、西三个主要经济领域的区域合作平台，是对沿海省、内陆省和边境民族自治地区的多边区域合作新范例的探索；也是不同政策资源、环境资源之间开展的一次重大的创新性区域合作。三地积极协作，共同努力推动蒙晋冀（乌大张）长城金三角合作区建设取得实质性进展。

7.2.3 政策支持因素

2015年3月，《政府工作报告》指出，“拓展区域发展新空间，统筹实施‘四大板块’和‘三个支撑带’战略组合。在西部地区开工建设一批综合交通、能源、水利、生态、民生等重大项目，落实好全面振兴东北地区等老工业基地政策措施，加快中部地区综合交通枢纽和网络等建设，支持东部地区率先发展，加大对老少边穷地区支持力度，完善差别化的区域发展政策。”这是国家首次将东北振兴、中部崛起、东部率先发展以及西部大开发概括为“四大板块”，首次将“一带一路”、长江经济带以及京津冀协同发展明确为“三个支撑带”。“三个支撑带”为乌大张三地建立区域合作模式提供了新的机遇以及良好的契机。

在乌大张三市共同签署了“蒙晋冀（乌大张）长城金三角合作区建设协议”及5个专项合作协议后，蒙晋冀（乌大张）长城金三角合作区在很多方面开展实质性合作，例如：基础设施相联相通、资源要素对接对流、生态环境联防联控、区域旅游一体化等。

在习近平总书记主持召开的中央政治局会议上，蒙晋冀（乌大张）长城金三角合作区纳入《京津冀协同发展规划纲要》，明确指出“支持蒙晋冀毗邻地区（乌兰察布—大同—张家口）开展区域合作”。这标志着蒙晋冀（乌大张）长城金三角合作区正式上升为国家发展战略。

7.2.4 经济发展因素

乌大张三市经济发展水平相近，都是欠发达型中小城市。虽然抱团融入京津冀地区，但都是都市地区的边缘，无法且没有能力引进、吸收、消化圈内核心城市以及国内外各种先进的商业发展要素。从产业结构看，三地在制造业和服务业中均处于产业链的低端，且主导产业多为高能耗、高污染、低附加值的传统产业。优越的产业和商业资本、先进的商业技术和管理方式、领先的企业的供应链等也因为在该地区找不到合适的生存和发展环境而无法进入。从核心城市对周边城市的带动及拉动作用来看，与北京和天津相比，乌大张三市中的任何一个都相对较弱。北京、天津因其独特的政治位置、经济地位，不断地在吸引本市以外的商业资源。同时，北京与天津作为发展潜力巨大的城市，对周边地区的商业资源利用依赖较低。总之，对于乌大张来说，组团融入京津冀较为困难，且三地自身实力较弱，吸引资源能力较差。

第8章　合作区经济协同发展

协同发展作为现代经济体系的重要组成部分，对区域经济的健康可持续发展具有重要意义。以蒙晋冀（乌大张）合作区为例，通过运用系统协同度模型，对蒙晋冀合作区三省的经济协同发展程度进行测度和比较，并在此基础上提出了推进蒙晋冀区域经济协同发展的对策，以期推动蒙晋冀合作区经济发展向高质量发展阶段迈进。

区域经济协同发展是指各个地区（包括省、自治区、直辖市等），为了提高区域资源配置效率，实现地区间资源共享，使各要素功能效用发挥最大化，降低所需成本，提高经济效益，推动区域经济高质量发展，在产业、交通等方面进行合作与交流，从而构建一个相互依存、相互促进、共同发展、实现共赢的有机整体的过程。京津冀、长三角、“一带一路”建设、粤港澳大湾区等都是我国区域经济协同发展的最好见证。区域经济协同发展越来越走向成熟，逐渐成为我国经济发展过程中一道亮丽的风景线。

十九大报告明确提出：“我国经济建设取得巨大成就，区域发展协调性增强，‘一带一路’建设、京津冀协同发展、长江经济带发展成效显著……实施区域协调发展战略。要加大力度支持革命老区、民族地区、边疆地区、贫困地区加快发展，强化举措推进西部大开发形成新格局，深化改革加快东北等老工业基地振兴，发挥优势推动中部地区崛起，创新引领率先实现东部地区优化发展，建立更加有效的区域协调发展新机制。”2018年11月18日，中共中央、国务院发布了《关于建立更加有效的区域协调发展新机制的意见》，突出强调，“实施区域协调发展战略是新时代国家重大战略之一，是贯彻新发展理念、建设现代化经济体系的重要组成部分。同时，我国区域发展差距依然较大，区域分化现象逐渐显现，无序开发与恶性竞争仍然存在，区域发展不平衡不充分问题依然比较突出，区域发展机制还不完善，难以适应新时代实施区域协调发展战略需要。”2019 年 10 月 31 日，中国共产党第十九届中央委员会第四次全体会议通过的《中共中央关于坚持和完善中国特色社会主义制度推进国家治理体系和治理能力现代化若干重大问题的决定》中明确指出：“要构建区域协调发展新机制，形成主体功能明显、优势互补、高质量发展的区域经济布局。”区域经济协同发展战略成为我国当前现代化经济体系的重要组成部分，逐渐占据主流地位，因此，对区域经济协同发展展开相关研究显得尤为重要。

关于区域经济协同发展，早已受到了相关学者的关注。有学者从不同地区的角度展开研究：向晓梅等通过对粤港澳三地海洋经济发展现状比较，描述了粤港澳大湾区海洋经济高质量协同发展的特征机理，并探索了高质量协同发展及制度创新路径。马骁通过建立区域经济协同发展指标体系，运用复合系统协同度模型对京津冀区域经济协同的有序度和协同度进行了测度，对京津冀区域经济协同发展趋势进行分析。杨继瑞等提出为进一步发挥口岸经济在“一带一路”建设中拉动区域经济发展的作用，需要构建政府主导、企业主动转型、资源优化配置、基础设施完善、产业结构优化、现代服务业配套、外资合理利用、税费补贴杠杆撬动、“互联网 +”融合、职业人才培养等十大要素协同机制。曾刚等依据增长极和复合生态系统等理论，遵循新时期长江经济带发展的指导思想，构建了由科技创新、经济发展、交流服务、生态保护 4 大领域 18 个核心指标组成的长江经济带城市协同发展能力评价指标体系，并采用自然断裂点分析、空间自相关分析和规模 – 位序分析等方法，对长江经济带 110 个地级及以上城市的协同发展能力进行了系统分析。

2015 年 4 月 30 日，中央政治局会议把蒙晋冀长城金三角合作区纳入《京津冀协同发展规划纲要》。《“十三五”时期京津冀国民经济和社会发展规划纲要》中也提出支持乌兰察布、大同等周边毗邻地区融入京津冀协同发展国家战略，为蒙晋冀长城金三角合作区的发展提供了有力保证。区域经济协同成为实现乌大张协同发展的重要助推力。目前国内对蒙晋冀合作区的区域经济协同发展程度的相关研究还比较缺乏。本研究以蒙晋冀（乌大张）合作区为例，运用系统协同度模型进行分析，对内蒙古自治区、山西省、河北省三地的经济协同发展程度进行测度和比较，以期优化提高各地区资源配置效率，对各地政府部门出台实施相关政策提供参考借鉴，进一步促进全区域经济的快速、健康、可持续发展。

产学研是推动地区经济发展的重要引擎，亦是实现资源共享、加快技术创新的必要途径。本研究基于复合系统协同度模型，对山西省产学研协同创新系统的协同度进行实证分析，根据结论，从山西省产学研的实际状况着手，有针对性地提出加快山西省产学研协同创新的对策建议。

十九大报告明确指出："创新是引领发展的第一动力，是建设现代化经济体系的战略支撑。要深化科技体制改革，建立以企业为主体、市场为导向、产学研深度融合的技术创新体系，加强对中小企业创新的支持，促进科技成果转化。"2019 年 10 月 17 日，山西省人民政府办公厅印发的《山西省企业技术创新发展三年行动计划》着重强调："要激发创新主体活力，推动产学研深度融合，增强源头创新和自主创新能力，使企业真正成为技术创新决策、研发投入、创新组织和成果转化的主体。"2020 年 3 月 12 日山西省人民政府办公厅印发的《山西省企业技术创新全覆盖工作推进方案》提出："要推动省内高校、科研院所以企业技术创新实际需求为导向，与省内企业开展技术合作和协同创新。"协同创新是创新资源和要素间的高效整合，通过打破各个创新主体间的壁垒与屏障，充分实现"人才、资本、信息、技术"等创新要素之间的资源共享与合作。产学研协同创新是指企业、大学、科研院所等创新主体之间通过知识共享、知识创造，从而形成知识优势的过程，并且构成一个协同创新的复杂系统。❶ 各个要素在合作的过程中相互作用、相互协调，实现合作的深度融合。

关于产学研协同创新，已有诸多学者展开相关研究。从产业视角，范建红等以煤炭企业产学研创新系统为研究对象，构建煤炭企业、高校和科研机构三大创新子系统的评价指标体系，根据 2010—2016 年的相关数据，运用协同度

❶ 张国卿，吴海燕，朱少英．全球化背景下的中小企业发展环境研究——基于 PEST 框架［J］．改革与战略，2016，32（5）：132－136.

模型计算三大创新子系统的有序度，并对煤炭企业产学研创新系统的协同度进行分析；湛泳等采用 2010—2013 年我国 25 个省份的地区面板数据，以复合系统理论和产学研协同创新理论为基础，把军工企业产学研创新体系划分为三个子系统并选取科学合理的序参量指标，进而构建军工企业产学研创新体系协同度模型并进行实证分析。从地区视角，严红等借鉴复合系统整体协调度模型，构建江西产学研协同创新复合系统协同度模型；李玲等以陕西省企业科技创新、高校科技创新和研发机构科技创新的协同关系作为研究对象，从协同学的视角构建三者协同度的测度模型，结合陕西省 2008—2014 年科技创新的相关数据，对 3 个子系统的协同关系进行实证检验，并对促进陕西省产学研创新系统协同发展提出了政策建议。景玲等基于协同学理论，结合复合系统观点，对广西产学研创新系统进行了分析，确定了序参量，并收集了 2004—2011 年相关数据，运用复合系统整体协调度模型对广西产学研创新系统演变的协同度进行实证分析，针对广西产学研创新系统协调程度的状况提出相应的建议。从区域视角，杨柳等从协同学的视角构建跨区域产学研协同创新框架，结合京津冀 2002—2016 年相关数据，基于复合系统协同度模型，对京津冀产学研创新系统的协同度进行实证分析；杜弼云等运用复合系统协调度模型，对我国中部六省产学研科技联盟创新系统的协同度进行测度，为评价产学研创新协同度提供了一定的参考，也为中部六省产学研科技联盟寻求创新发展提供一定的依据。❶

由前述可知，学术界对山西省产学研协同创新的研究还比较缺乏。山西省作为一个经济发展相对落后，环境相对较差的中部欠发达省份，在产学研合作过程中面临诸多问题：科研机构在产学研合作中存在结构性问题、企业在产学研合作中遇到的发展困境。因此，对其产学研协同创新展开相关研究显得尤为必要，对增强地区技术创新能力，整合优化各地资源，为地区经济可持续发展提供助力具有一定现实意义。本研究团队拟以山西省为研究对象，构建山西省产学研协同创新复合系统协同度测度模型，以期了解各相关主体、各子系统之间的协同性，并根据现状和实证分析结果对未来山西省产学研协同创新的发展

❶ 张国卿，王建敏．吴海燕，中小企业战略决策过程研究［J］．山西农业大学学报，2016，15（4）：274－277.

提出对策建议。

以孟庆松等的复合系统整体协调度模型为基础，构建山西省产学研协同创新复合系统协同度模型及评价指标体系。

（1）产学研协同创新复合系统协同度的评价指标选取。

以协同学的序参量原理和役使原理为基础，构建山西省复合系统整体协调度模型。选择在对整个系统发展起决定性主导作用的因素为模型的序参量变量。产学研协同创新是指企业、高等学校、科研机构之间的协同创新活动，因高等学校与科研院所在科学研究、人才培育与社会服务方面存在共性，故本研究将二者合称为学研机构。参考林黎、孙丽文等关于协同度的研究，将产学研协同创新复合系统分为创新环境子系统、学研机构子系统、企业子系统、创新绩效子系统等 4 部分，共 17 个指标。

① 创新环境子系统。创新环境是指能够激发人们去进行创造的社会环境。其主要由区域经济发展水平、研发投入力度、金融支持环境等构成。综合考虑指标数据的系统性、适用性和可获得性，确定 4 个构成指标：人均生产总值、区域研发人员全时当量、区域研发经费内部支出、研发经费内部支出中来自企业的资金占比。人均生产总值反映地区的经济发展实力和宏观经济运行状况；区域研发人员全时当量、区域研发经费内部支出反映地区在研发创新中的科研人力投入和经费支出；区域研发经费内部支出中来自金融机构的资金占比反映金融机构对区域创新的支持状况。

② 学研机构子系统。高等学校和科研院所合称为学研机构子系统学研机构子系统，将学研机构分为创新投入与创新产出两个维度，根据数据的适用性和可得性，选取 5 个相关指标：学研机构人员全时当量、学研机构研发经费内部支出、高校每 10 万人平均在校生数、学研机构发表科技论文数、学研机构发明专利数。学研机构创新投入由学研机构人员全时当量和研发经费内部支出构成；学研机构创新产出由每 10 万人高校平均在校生数、学研机构发表科技论文数和发明专利数构成。

③ 企业子系统。将企业子系统分为企业创新投入、企业创新产出两个维度，考虑到数据的可得性，将使用规模以上企业的相关数据反映企业子系统。选取以下 4 个指标作为企业子系统指标：规模以上工业企业研发人员全时当

量、规模以上工业企业研发项目数、规模以上工业企业新产品销售收入、规模以上工业企业发明专利申请数。企业的创新投入由规模以上工业企业研发人员全时当量所体现；企业的创新产出由规模以上工业企业研发项目数、新产品销售收入、发明专利申请数所反映。

④ 创新绩效子系统。创新绩效是产学研协同创新一段时间以后，产学研主体价值的增加，体现产学研协同创新的实施效果。其由 4 个指标构成：国内发明专利申请授权数、技术市场成交额、第三产业占生产总值比值、高技术产业主营业务收入占生产总值比值。协同创新系统的知识成果产出由专利申请授权数反映；在产学研过程中由知识转化为实际产品的或技术的能力可通过技术市场成交额所表现；在产学研创新驱动下山西省经济发展的质量水平可由第三产业占生产总值比值和高技术产业主营业务收入占生产总值比值反映。

（2）产学研协同创新复合系统的协同度模型。

① 有序度模型。假设产学研协同创新复合系统的创新环境、学研机构、企业、创新绩效 4 个子系统用 A_b（$b=1，2，3，4$）表示。子系统发展过程的序参量变量为 $e_b=(e_{b1}，e_{b2}，\cdots，e_{bn})$，其中：$n\geqslant 1$，$a_{bi}\leqslant e_{bi}\leqslant \beta_{bi}$，$i\in[1，n]$。假设 e_{b1}，e_{b2}，…，e_{bj}为慢驰变量，即变量值越大，系统有序度越高，反之则越低；$e_{bj}+1$，$e_{bj}+2$，…，e_{bn}为快驰变量，即变量值越大，系统有序度越低，反之则越高。基于此，定义如下：

定义 1：产学研协同创新的子系统 A_b 的序参量分量 e_{bi}的有序度函数。

$$U_{b_1}(e_{bi})=\begin{cases}\dfrac{e_{bi}-a_{bi}}{\beta_{bi}-a_{bi}} & i\in[1,j]\\[2ex] \dfrac{\beta_{bi}-e_{bi}}{\beta_{bi}-a_{bi}} & i\in[j+1,n]\end{cases}\quad b\in(1,2,3,4)$$

由函数可知，a_{bi}，β_{Bi}是 A_b 子系统稳定区域临界点上序参量分量取值的下限和上限，本研究用序参量分量值中的最小值和最大值代表下限和上限。故 $U_b(e_{bi})\in[0，1]$，且 $U_b(e_{bi})$ 越大，e_{bi}对 A_b 子系统有序程度的贡献越大。序参量变量 e_{bi}对子系统有序程度的总贡献要通过 $U_b(e_b)$ 各自的集成来实现。本研究采用几何平均法进行集成，分别计算各子系统的有序度。

定义 2：产学研协同创新的子系统 A_b 的有序度。

$$U_{b(e_b)} = \sum_{i=1}^{n} b_i * u_b(e_{bi}) b_i \geqslant 0, 且 \sum_{i=1}^{n} b_{i=1}$$

$U_b(e_b) \in [0, 1]$，$U_b(e_b)$ 越大，e_b 对子系统 A_b 的贡献值越大，A_b 系统的有序度越高，反之则越低。

② 协同度模型。对于给定的初始时刻 p_0，假设产学研协同创新的子系统 A_b 的有序度为 u_b^0（e_b），对整体系统在协同过程中的时刻 p_1 而言，子系统 A_b 的有序度为 u_b^0（e_b），则在 $p_0 \sim p_1$ 这一时段内产学研协同创新系统的协同度为协同创新复合系统的整体协同度，定义如下：

定义 3：产学研协同创新复合系统的协同度。

$$c = \lambda \cdot \sqrt[h]{\pi_{b=1}^{h} | u_b^1(e_b) - u_b^0(e_b)}$$

其中 $h=4$，λ 的取值如下：

$$x = \frac{(\min[u_b^1(e_b) - u_b^0(e_b) \neq 0])}{| \min[u_b^1(e_b) - u_b^0(e_b) \neq 0] |}$$

上式中，λ 是衡量子系统协调方向的参数，只有当 $u_b^1(e_b) - u_b^0(e_b) > 0$ 时，才有正向的协同度。c 取值在［-1，1］区间，c 值越大，则产学研协同创新系统的协同程度越高，反之越低。

（3）实证分析。

山西省产学研协同创新相关数据见表 8-1～表 8-4。

表 8-1　山西省 2011—2018 年创新环境子系统相关数据

年份	地区人均生产总值（元）	地区研发人员全时当量（人·年）	地区研发经费内部支出（亿元）	研发经费内部支出来自企业的资金占比（%）
2011	30974.00	32476.00	113.39	1.01
2012	33628.00	31542.00	132.30	1.09
2013	34813.00	34024.00	155.00	1.23
2014	35064.00	35775.00	152.20	1.19
2015	35018.00	28927.00	132.50	1.04
2016	35199.00	29450.00	132.60	1.03
2017	40557.00	31757.00	148.20	0.95
2018	45328.00	32305.00	175.80	1.05

数据来源：国家统计局；山西省科技经费投入经费统计公报。

表 8－2　山西省 2011—2018 年学研机构子系统相关数据

年份	学研机构人员全时当量	学研机构研发经费内部支出（万元）	每 10 万人口高等学校平均在校生数（人）	学研机构发表科技论文（篇）	学研机构发明专利（项）
2011	11587	194431	2202	17376	705
2012	11953	205090	2351	16453	971
2013	11769	267794	2474	15984	1719
2014	10018	229678	2519	16997	1191
2015	10726	268950	2504	18093	1517
2016	10825	252862	2439	20898	1799
2017	11980	232310	2401	22325	2213
2018	13156	297708	2383	24817	2612

数据来源：山西省统计年鉴；山西省科技统计年鉴。

表 8－3　山西省 2011—2018 年规模以上企业子系统相关数据

年份	规模以上工业企业研发经费（万元）	规模以上工业企业研发项目数（项）	规模以上工业企业新产品销售收入（万元）	规模以上工业企业发明专利申请数（项）
2011	895891	2348	8609925	1104
2012	1069590	2795	9283912	1390
2013	1237698	2885	10272735	1807
2014	1247027	2726	9246771	1777
2015	1008950	2232	8333433	1303
2016	976283	2471	10850063	1410
2017	1122323	3454	15434765	1632
2018	1312531	3243	19413025	2416

数据来源：国家统计局；山西省统计年鉴。

表 8－4　山西省 2011—2018 年创新绩效子系统相关数据

年份	技术市场成交额（亿元）	发明专利申请授权数（项）	第三产业占生产总值比（%）	高技术产业主营业务收入（亿元）
2011	22.48	12769	35.25	22.48
2012	30.61	16786	38.66	30.61

续表

年份	技术市场成交额（亿元）	发明专利申请授权数（项）	第三产业占生产总值比（%）	高技术产业主营业务收入（亿元）
2013	52.77	18859	39.96	52.77
2014	48.46	15687	44.51	48.56
2015	51.20	14948	54.14	51.20
2016	42.56	20031	55.67	42.58
2017	94.15	20697	53.50	94.15
2018	84.85	27106	53.40	84.85

数据来源：国家统计局；山西省国民经济和社会发展统计公报；山西省统计年鉴。

（4）数据处理。

为消除量纲对实证分析的影响，本书采用均值－标准差法先行对原始数据进行标准化处理，计算公式为 $X^1_{mn}=(X_{mn}-X_n)/S_n$（$X_n$ 为变量 X_{mn} 的平均值；S_n 为变量 X_{mn} 的标准差）。结果见表 8－5。

表 8－5　标准化后的 2011—2018 年山西产学研协同创新各子系统的指标数据

年份	创新环境子系统				学研机构子系统				
	地区人均生产总值（元）	地区研发人员全时当量（人年）	地区研发经费内部支出（亿元）	来自企业的研发经费内部支出资金占比（%）	学研机构人员全时当量	学研机构研发经费内部支出（万元）	每10万人口高等学校平均在校生数（人）	学研机构发表科技论文（篇）	学研机构发明专利（项）
2011	－1.19	0.20	－1.54	－0.68	0.09	－1.41	－2.03	－0.55	－1.39
2012	－0.60	－0.22	－0.55	0.17	0.47	－1.11	－0.57	－0.83	－0.98
2013	－0.34	0.89	0.64	1.67	0.28	0.70	0.63	－0.98	0.20
2014	－0.28	1.68	0.50	1.24	－1.54	－0.40	1.07	－0.66	－0.63
2015	－0.29	－1.39	－0.54	－0.36	－0.80	0.73	0.93	－0.32	－0.12
2016	－0.25	－1.16	－0.53	－0.47	－0.70	0.27	0.29	0.56	0.33
2017	0.94	－0.12	0.29	－1.32	0.50	－0.32	－0.08	1.00	0.98
2018	2.00	0.12	1.73	－0.25	1.72	1.56	－0.26	1.78	1.61

续表

企业子系统				创新绩效子系统			
规模以上工业企业研发经费（万元）	规模以上工业企业研发项目数（项）	规模以上工业企业新产品销售收入（万元）	规模以上工业企业发明专利申请数（项）	技术市场成交额（亿元）	发明专利申请授权数（项）	第三产业占生产总值比（%）	高技术产业主营业务收入（亿元）
-1.45	-0.99	-0.72	-1.23	-1.25	-1.26	-1.42	-1.25
-0.27	0.06	-0.55	-0.53	-0.92	-0.36	-1.00	-0.92
0.88	0.27	-0.29	0.50	-0.02	0.11	-0.84	-0.03
0.94	-0.10	-0.56	0.42	-0.20	-0.60	-0.29	-0.20
-0.68	-1.26	-0.79	-0.74	-0.09	-0.77	0.88	-0.09
-0.90	-0.70	-0.15	-0.48	-0.44	0.38	1.07	-0.44
0.09	1.61	1.02	0.07	1.65	0.53	0.80	1.65
1.38	1.11	2.03	2.00	1.27	1.97	0.79	

（5）系统协同度。

① 序参量分量的有序度。根据定义 1，计算山西产学研协同创新的各子系统序参量分量的有序度，结果见表 8-6。

表 8-6　2011—2018 年山西产学研协同创新的各子系统序参量分量的有序度

年份	创新环境子系统				学研机构子系统				
	地区人均生产总值（元）	地区研发人员全时当量（人年）	地区研发经费内部支出（亿元）	来自企业的研发经费内部支出资金占比（%）	学研机构人员全时当量	学研机构研发经费内部支出（万元）	每 10 万人口高等学校平均在校生数（人）	学研机构发表科技论文（篇）	学研机构发明专利（项）
2011	0.00	0.14	0.00	0.06	0.13	0.00	0.00	0.06	0.00
2012	0.06	0.11	0.08	0.14	0.16	0.03	0.09	0.02	0.04
2013	0.09	0.21	0.18	0.28	0.15	0.19	0.16	0.00	0.14
2014	0.10	0.28	0.17	0.24	0.00	0.09	0.19	0.04	0.07
2015	0.09	0.00	0.08	0.09	0.06	0.19	0.18	0.08	0.11
2016	0.10	0.02	0.08	0.08	0.07	0.15	0.14	0.20	0.15
2017	0.22	0.11	0.15	0.00	0.17	0.10	0.12	0.25	0.21
2018	0.34	0.14	0.27	0.10	0.26	0.26	0.11	0.35	0.27

续表

企业子系统				创新绩效子系统			
规模以上工业企业研发经费（万元）	规模以上工业企业研发项目数（项）	规模以上工业企业新产品销售收入（万元）	规模以上工业企业发明专利申请数（项）	技术市场成交额（亿元）	发明专利申请授权数（项）	第三产业占生产总值比（%）	高技术产业主营业务收入（亿元）
0.00	0.03	0.01	0.00	0.00	0.00	0.00	0.00
0.10	0.13	0.04	0.07	0.03	0.09	0.04	0.03
0.20	0.15	0.08	0.18	0.12	0.14	0.05	0.12
0.21	0.11	0.04	0.17	0.11	0.07	0.10	0.11
0.07	0.00	0.00	0.05	0.12	0.05	0.20	0.12
0.05	0.06	0.10	0.08	0.08	0.16	0.22	0.08
0.13	0.28	0.29	0.13	0.29	0.18	0.20	0.29
0.24	0.24	0.45	0.33	0.25	0.32	0.19	0.25

② 权重计算。根据定义2，要测算各子系统的系统有序度，要先明确子系统内各序参量分量指标的权重。本书采用熵值法计算序参量分量指标的权重，信息熵的计算如下。

首先，计算第 n 项指标下第 m 个指标的比重 $P_{mn} = \frac{Y_{mn}}{\sum_{m=1}^{i} Y_{mn}}$，其中 i 为待评价的对象个数。

其次，计算第 n 项指标的熵值 e_n：$K = \frac{1}{\ln(i)} e_n = -K\sum_{m=1}^{i} P_{mn}\ln P_{mn}$；

然后，计算第 n 项指标的差异性系数 h_m：$h_n = 1 - e_n$；

最后，得到指标的权重 w_n，其中 j 表示指标个数：$w_n = \frac{h_n}{\sum_{m=1}^{j} h_n}$。

根据熵值法计算各子系统序参量分量指标的权重见表8－7。

表 8－7　山西产学研协同创新的各子系统序参量指标权重

创新环境子系统				学研机构子系统				
地区人均生产总值（元）	地区研发人员全时当量（人年）	地区研发经费内部支出（亿元）	研发经费内部支出来自企业的资金占比（%）	学研机构人员全时当量	学研机构研发经费内部支出（万元）	每十万人口高等学校平均在校生数	学研机构发表科技论文（篇）	学研机构发明专利（项）
0.060	0.054	0.043	0.053	0.044	0.053	0.031	0.090	0.052

企业子系统				创新绩效子系统			
规模以上工业企业研发经费（万元）	规模以上工业企业研发项目数（项）	规模以上工业企业新产品销售收入（万元）	规模以上工业企业发明专利申请数（项）	技术市场成交额（亿元）	发明专利申请授权数（项）	第三产业占生产总值比（%）	高技术产业主营业务收入（亿元）
0.050	0.061	0.120	0.059	0.059	0.057	0.054	0.059

③ 子系统有序度。根据定义 2，运用加权平均法计算 2011—2018 年山西省产学研协同创新的各子系统的有序度，结果见表 8－8。

表 8－8　2011—2018 年山西产学研协同创新的各子系统有序度

年份	创新环境子系统有序度	学研机构子系统有序度	企业子系统有序度	创新绩效子系统有序度
2011	0.04	0.04	0.01	0.00
2012	0.07	0.06	0.07	0.04
2013	0.14	0.12	0.13	0.09
2014	0.14	0.07	0.11	0.08
2015	0.05	0.12	0.02	0.11
2016	0.05	0.14	0.06	0.12
2017	0.09	0.17	0.19	0.20
2018	0.15	0.26	0.28	0.21

根据定义 3，计算出 2011—2018 年山西省产学研协同创新的各子系统组成的复合系统的协同度为：

$C_{2012}=0.012$，$C_{2013}=0.022$，$C_{2014}=0.003$，$C_{2015}=0.022$，$C_{2016}=0.003$，

$C_{2017}=0.022$，$C_{2018}=0.017$。

（6）实证结论。

① 一般来说，子系统有序度取值越大，系统内部各组织之间运行越有序。由表 8－8 可知，四个子系统的有序度都处于较低水平，处于基本有序状态。

② 创新绩效子系统有序度处于不断稳定上升状态；学研机构子系统有序度基本上也在稳步上升中；创新环境子系统和企业子系统出现较大反复，但 2015 年后也逐渐处于平稳上升状态。

③ 山西省协同创新系统各子系统总体来说呈增长趋势，说明山西省近年来产学研协同创新的创新环境、学研机构创新、企业创新和创新绩效子系统内的要素联动协同效应在逐步提高。虽总体来说呈增长趋势，但并不稳定，整体协同创新水平仍处于较低水平。

8.1 经济协同发展现状

8.1.1 蒙晋冀（乌大张）长城金三角合作区经济协同发展实证研究

在经济迅猛发展和全球企业组织形式呈现多样化的形势下，“区域经济协同发展”成为当今时代的重要趋势和潮流。乌兰察布市、大同市、张家口市在历史上曾同属于察哈尔地区，地缘关系密切，这为三地建立利益共享的经济协同发展合作区提供了有利的前提条件。2015 年在乌大张三地政府和社会各界的共同努力下，国家批准成立蒙晋冀（乌大张）长城金三角合作区。本书对蒙晋冀（乌大张）长城金三角合作区经济协同度进行研究，并根据研究结果针对性地提出促进本区域经济协同发展的对策建议，对于提高蒙晋冀（乌大张）长城金三角合作区整体运行效率、增强综合竞争力具有积极意义。

协同学理论最常见的研究模型是复合系统协同度模型。近年来，随着经济一体化和全球一体化的发展，复合系统协同度模型被应用在宏观、中观、微观等不同角度的领域中，本书做了如下梳理：在微观领域内，杨晓冬通过建立“商品住宅－城市”复合系统，研究城市协调发展对商品住宅价格的影响。潘娟、张玉喜运用协同机制原理分析构建了中国科技创新与科技金融制度复合系统协同度模型。在中观领域内，杨玄酯则构建复合系统协同度模型研究研发人员投入和科技产出。冯缨在研究信息环境、信息人、信息资源、和信息技术这几个子系统间的相互作用力时与构建了信息生态系统协同度模型。在宏观领域内，复合系统协同度模型较多的应用在跨区域研究中，巴勒斯等将复合系统模型结合熵统计学方法研究区域创新体系的协同作用。陈智国在京津冀跨区域产业集群协同的研究中，将整体的协同创新复合系统分为四个子系统，研究他们之间的协同关系。根据蒙晋冀（乌大张）长城金三角合作区区域经济的特点利用复合系统协同度模型并结合熵权统计法对序参量进行赋值和权重的计算，研究乌大张三地的协同发展程度。

可持续发展是人类社会经济发展和社会进步的必然要求，也是经济能够得以健康发展的基础。改革开放以来，我国经济虽然取得了较大的成就，经济增长速度稳居世界前列，然而我国的大多数区域的经济发展都是以高投入、高污染的粗放型生产方式为主的，造成了环境污染与资源浪费。要素聚集是经济全球化和经济一体化背景下所形成的一种新的资源配置方式，对经济发展有着较大的促进作用。随着经济的发展，环境保护问题逐渐提上日程，成为人们关注的重点。因此，在促进区域经济可持续发展过程中，必须充分注意经济发展与环境保护的协调。当前我国正处于经济体制改革和经济转型升级的关键时期，如何在环境约束的条件下发挥要素集聚对区域经济可持续发展的作用对促进我国的经济发展有着重要意义。[1]

要素一般是指日常生产活动和服务中所投入的如资金、劳动力、土地和企业家才能等各种用于企业生产的经济资源。要素集聚就是指在某个国家或地区、企业的生产过程中，劳动力、土地、政策、制度、资本等要素相互联系、相互作用的过程，是以某种资源配置方式进行资源组合，从而实现要素合作的过程。在当今经济全球化的大背景下，要素集聚就是市场充分发挥在资源配置中的基础性作用，从而促使各种要素在各个国家和地区之间实现自由流动，即一个国家的技术资金、劳动力、经营管理模式基于经济利益最大化的角度流动

---

[1] 张国卿．环境约束下要素集聚对区域经济可持续发展的内生机制及其协调路径［J］．商业经济研究，2016（2）：184－186.

到另一个国家或地区，从而使得这些国家和地区成为全球生产要素的供应者。

根据要素集聚的定义和范围，可以分为广义的要素集聚和狭义的要素集聚。广义的要素集聚是指各种经济要素相互作用并建立某种关系的过程，是空间上的要素集聚，在经济发展过程中多表现为电子商务、进出口业务、服务外包、跨国公司等。狭义的要素集聚是指要素在地理范围内的流动，如当前盛行的资本输出、技术输出、产业结构跨国转移、劳动力输出，等等。

蒙晋冀（乌大张）长城金三角合作区由乌兰察布市、大同市、张家口市三市构成，在进行系统协同度分析时，我们把乌大张区域看成一个复合系统 K，把乌兰察布市、大同市、张家口市分别看成该复合系统的一个子系统 K^1、K^2、K^3，则复合系统可以抽象为 $K = f(K^1, K^2, K^3)$。收集这三个城市的面板数据，对于子系统 K^1 的 i 个样本，j 个指标，则 X^l mn为子系统 K^1 第 m 个样本的第 n 个指标的数值（$m=1$，…，i；$n=1$，…，j），设乌大张经济合作区的子系统 K^l 在发展过程中的序参量为 $k_{mn}^l = (k_{m1}^l, k_{m2}^l, \cdots, k_{mj}^l)(m = 1, i)$。

在运用熵权统计法计算各个序参量的熵权值之前，要对各个不同计量单位的指标进行标准化处理，使各项指标具备可比性，处理过程描述如下。

正向指标：

$$\hat{k}_{mn}^l = \frac{k_{mn}^l - \min\{k_{1n}^l, \cdots, k_{in}^l\}}{\max\{k_{1n}^l, \cdots, k_{in}^l\} - \min\{k_{1n}^l, \cdots, k_{in}^l\}} \tag{8-1}$$

负向指标：

$$\hat{k}_{mn}^l = \frac{\max\{k_{1n}^l, \cdots, k_{in}^l\} - k_{mn}^l}{\max\{k_{1n}^l, \cdots, k_{in}^l\} - \min\{k_{1n}^l, \cdots, k_{in}^l\}}$$

为了方便，下文中我们仍用 $k_{\min}^1$来代表 $\hat{k}_{mn}^l$表示标准化后的数据。

子系统 $K^l(l=1, 2, 3)$ 的某个序参量的熵值为见式（8-2）。

$$e_n^l = -\frac{1}{\ln(j)}\sum_{m=1}^{i} p_{mn}\ln(p_{mn}), m = 1, \cdots, i; n = 1, \cdots, j \tag{8-2}$$

其中 $p_{mn} = \dfrac{x_{mn}^l}{\sum_{m=1}^{i} x_{mn}^l}$. 若 $p_{mn}=0$，则令 $p_{mn}\ln(p_{mn})=0$，则式（8-2）为：

子系统 $K^l(l=1, 2, 3)$ 的某个序参量的熵权为：

$$w_n^l = \frac{1 - e_n^l}{\sum_{n=1}^{j}(1 - e_n^l)}, n = 1, \cdots, j \tag{8-3}$$

$$其中, 0 \leqslant w_n^l \leqslant 1, \sum_{n=1}^{j} w_n^l = 1$$

子系统 $K^l(l=1, 2, 3)$ 的有序度用 $\delta_n(K^l)$ 来表示，计算过程见式（8－4）。

$$\delta_m(K^l) = \sum_{n=1}^{j} w_n^l k_{mn}^l, m = 1, \cdots, i; n = 1, \cdots, j \tag{8-4}$$

乌大张三市子系统相互之间的协同度见式（8－5）。

$$\mu = \prod_{l=1}^{2} \lambda \sqrt{\left| \prod_{l=1}^{2} (\delta^1(K^l) - \delta^0(K^l) \right|}, 且$$
$$\lambda = \begin{cases} 1, & \delta^1(K^l) \geqslant \delta^0(K^l) \\ -1, & \delta^1(K^l) < \delta^0(K^l) \end{cases} \tag{8-5}$$

乌大张三市构成的复合系统的协同度见式（8－6）。

$$\mu = \prod_{l=1}^{3} \lambda \sqrt{\left| \prod_{l=1}^{3} (\delta^1(K^l) - \delta^0(K^l) \right|}, 且$$
$$\lambda = \begin{cases} 1, & \delta^1(K^l) \geqslant \delta^0(K^l) \\ -1, & \delta^1(K^l) < \delta^0(K^l) \end{cases} \tag{8-6}$$

其中 0、1 分别表示基期和报告期，$\delta^0(K^l)$ 表示相应的子系统基期的有序度，$\delta^L(K^l)$ 表示相应的子系统报告期的有序度。μ 取值在 －1 与 1 之间，代表经济复合系统协同度，取值越大，系统的协同程度就越高。

对蒙晋冀（乌大张）长城金三角区区域经济协同度主要从经济发展水平，经济结构、经济效益三个方面来进行测度。根据数据的可得性，本研究从国家统计局等渠道收集了乌兰察布市、大同市和张家口市三地 2009—2016 年的人均生产总值、全社会固定资产投资、第二产业增加值、第三产业增加值、地方财政收入数据。

将采集的原始数据代入式（8－1）进行标准化处理，再代入式（8－2）和式（8－3），求得乌兰察布市、大同市、张家口市各自序参量的熵权值。将乌大张三市序参量的熵权值代入式（8－4），可以计算出各经济子系统的有序度。经济子系统的有序度 $\delta \subset (0, 1)$，有序度越接近1，表示经济的有序发展程度越高。由图8－1中可以看出，（蒙晋冀）乌大张地区子系统的有序度都呈上升趋势，说明乌兰察布市、大同市、张家口市的经济发展水平、经济效益及经济结构都随着时间的递增而朝着有序化方向发展。其中，张家口市有序化发展程度最高且呈持续平稳持续上升态势，可能是得益于京津冀区域一体化发展带来的协同效应，尤其是近几年发展速度更快。乌兰察布市有序化发展程度略高于大同市且呈现一定的波动性，在2013年和2014间出现波动，说明其子系统内部要素的组合结构不稳定，子系统各要素有待于寻求最佳的稳定组合形式。大同市的有序化发展程度略低于乌兰察布市，呈现平稳增长趋势，近几年有序化发展程度趋缓，可能是以煤炭为主的粗放型经济向旅游和能源型经济发展方式转变而引起的产业结构调整所导致的。

乌大张三市序参量的熵权各不相同，即使是同一种序参量，在不同的地市所占权重也有所区别。对经济系统有序度影响重要性程度由大到小依次排序为：第三产业增加值、地方财政收入、全社会固定资产投资、人均生产总值、第二产业增加值。上述结论为乌大张三市提高各自的经济系统有序度提供了方向：应该在全面重视所有指标的同时，更加注重第三产业增加值、地方财政收入和全社会固定资产投资这几个指标，以更好地促进经济系统的有序发展。

通过文献分析，式（8－5）和式（8－6）有两种运算标准，分别从不同角度诠释了复合系统协同度。一种是以相同的时刻为基期，求得的协同度称为相同基期协同度，用来描述复合系统长期的演变态势；另一种是以相邻的时刻，求得的协同度称为相邻基期协同度，用来描述复合系统的发展稳定程度。本书通过参考国际惯例及文献分析，得到了相同基期协同度和相邻基期协同度的判断标准。

将乌大张三市的子系统协同度运用相同基期的计算法则分别代入式（8－5）和式（8－6），得到相同基期条件下，各子系统相互之间的协同度及乌大张的复合协同度。乌大张长城金三角合作区子系统相互之间协同度及乌大张复合系统协同度在相同基期条件下长期演变态势都呈显著上升趋势。按照表8－4的标准，张家口与大同、张家口与乌兰察布在2016年协同度分别为0.9114和0.9249，都达到了优质协同；大同市与乌兰察布市、乌大张经济合作区

2016 年协同度分别为 0. 8594 和 0. 8981，也达到了良好协同水平，说明三地间经济合作的协同度较高。从子系统协同度来看，张家口与其他两地的协同发展水平较高，且张家口本身的有序发展程度较高，所以我们认为，子系统的有序发展程度越高，复合系统的经济协同度越高。结合各子系统有序度的发展趋势，张家口市与乌兰察布市、大同市与乌兰察布市以及乌大张的复合协同度发展走势几乎一致，与乌兰察布市的有序度走势图一致，也在 2013 年和 2014 年间出现波动，但较乌兰察布市子系统的有序度而言波动更平缓。而大同市与张家口市的趋势图呈现平缓上升态势，与大同市的走势图呈现一致性，但较大同市的子系统有序度走势图更加陡峭，是张家口市和大同市协同作用下的结果，说明相同基期条件下复合系统的协同度与其子系统的有序发展水平具有相关性，是各子系统综合作用下的结果。

将乌大张三市的子系统协同度运用相邻基期的计算法则分别代入式（8 - 5）和式（8 -6），得到相邻基期条件下，各子系统相互之间的协同度及乌大张的复合协同度。数据显示，2010—2016 年，乌大张长城金三角合作区子系统相互之间和复合系统协同度在相邻基期条件下协同度一致大于零。结合表 8 -5 的相邻基期复合系统协同度判断标准，数据显示，相邻基期复合系统协同度一直处于低度协同演变状态，可以看出，相邻基期复合系统协同度的波动程度与各个子系统有序发展程度之间的差距相关，有序度差距越大，相邻基期复合系统协同度就越不稳定。上述结论说明，乌大张地区的经济协同程度有待在持续上升中提高稳定性，各子系统应采取措施积极寻求协同一致发展。

实证结果显示，蒙晋冀（乌大张）长城金三角合作区区域经济协同发展度长期来看都达到了良好及以上协同水平，但发展不稳定呈现波动性，说明合作区经济协同发展水平不稳定，各子系统有待于积极寻求稳定的合作机制以促进合作区经济长期稳定的发展。

重视各子系统关键序参量的作用。在模型和实证分析中，序参量的熵权值代表其对子系统有序发展的影响程度，对区域经济协同发展能力的贡献程度。熵权统计结果显示，序参量的权重排序是：第三产业增加值 > 地方财政收入 > 全社会固定资产投资 > 人均生产总值 > 第二产业增加值，因此，乌兰察布市、大同市、张家口市三地应积极调动人力、物力、技术、信息等资源投入影响子系统有序发展的关键指标上来，以关键序参量指标的增长带动所有影响子系统有序发展的序参量指标的增长，从而带动子系统经济有序发展，促进整个乌大张区域经济的发展。

加快产业集聚，加强经济协作。蒙晋冀（乌大张）长城金三角合作区在地理位置上互相邻近，有利于三地之间的资源利益共享。三地应充分利用优势，在发展自己的优势产业的同时，调整产业结构，加强经济合作区内的经济协作。加快产业集聚，打造一批具有鲜明特色、具备独特的核心竞争力和经济产能、效益辐射到三地所在省份的产业集聚区域和产业集群，比如现在三地都致力于发展的能源产业，从而促进产业一体化进程，实现经济协同发展整体优势，实现“1 +1 +1 >3”的协同发展效应。

组建并强化区域利益协调组织乌大张长城金三角区经济协同发展委员会。乌大张长城金三角区经济协同发展应由三地政府组建乌大张经济协同发展委员会，并在地市、县市设立分支机构，组织协调各市的经济协同发展。乌大张长城金三角区经济协同发展委员会的成立以设计协调区域经济协同发展的利益机制、补偿机制、约束机制为目的，致力于寻求建立使乌大张长城金三角合作区持续发展的以政府为基础，以市场为导向，由乌大张长城金三角区经济协同发展委会统筹协调的三位一体的稳定合作机制。

通过选取蒙晋冀（乌大张）长城金三角合作区经济协同发展能力评价指标，运用复合系统协同度模型，对 2012—2018 年期间的蒙晋冀区域经济各子系统协同发展的有序度与协同度进行测度。结果表明，2012—2018 年期间，内蒙古自治区、山西省、河北省三省经济系统有序度总体程度上均有较大幅度的增长，说明区域经济协同发展呈现了良好态势；其中，内蒙古自治区在 2016—2017 年间呈现小幅下降趋势。2012—2018 年蒙晋冀合作区相同基期经济协同度显著提升；2012—2018 年蒙晋冀合作区相邻基期经济协同度在［0.0517，0.1607］之间，处于低度协同演变状态。基于以上分析，提出如下对策路径。

（1）高度重视关键指标要素，促进区域经济可持续发展。

在运用复合协同度模型对蒙晋冀区域经济协同发展的测度过程中，序参量的熵权具有重要作用，熵权数值与序参量指标对子系统有序度以及复合协同度的影响程度具有正相关关系，熵权越大，影响程度就越大。可以通过指标的权重大小对指标各要素进行排序，权重越大，发展越快，对区域经济协同度的提升作用就越发明显。因此，内蒙古自治区、山西省、河北省三地要把关键指标要素放在首要位置，通过各种途径解决存在的问题，从而促进蒙晋冀区域经济协同可持续发展。

（2）提高区域协同合作意识，推进区域经济协同发展。

2012—2018 年，蒙晋冀三省地区的经济子系统的有序度提升明显，但是区域经济相邻基期复合系统的协同度却不太高，说明三省各地的合作力度与合作意识还不强，大多数处于各自为政的状态。区域之间的协同发展是当今时代发展的必然结果，也是大势所趋。蒙晋冀三省必须强化合作意识，增强合作理念，实现合作共赢，相互成就。只有三省各地相互扶持、相互帮助，制订经济协同发展战略与计划，实施协同举措，才能提高区域经济协同发展水平，推动区域经济协同高质量发展。

（3）建立健全协同机制，形成良性协同发展格局。

建立健全完善的正式的组织机构，专门负责管理规划区域布局、跨地区产业合作、促进省份之间的协作、政策制定与贯彻实施等多方面的相关事项。建立稳定有效的区域经济协同机制、信息沟通机制，通过协同管理，优化各地区的资源配置，提高效率、推进各省之间的基础设施互联互通、产业发展协作、公共资源共建共享等，充分发挥各地的优势与长处，使合作方效益最大化，进一步形成长期稳定良好的合作态势。

8.1.2　各地经济发展现状

（1）乌兰察布市经济发展现状。

乌兰察布市 2015 年完成地区生产总值 921 亿元，是“十一五”建设时期末的 1.6 倍，年均增长 9.2%；固定资产投资 658.5 亿元，是“十一五”建设时期末的 2.4 倍，年均增长 19.1%；一般公共预算收入 55.1 亿元，是“十一五”建设时期末的 3.2 倍，年均增长 26.1%；社会消费品零售总额 290.7 亿元，是“十一五”建设时期末的 1.8 倍，年均增长 13%。主要经济指标增速连续五年位居全区前列，经济发展步入总量扩张、增速加快、质量效益同步提升的新阶段。乌兰察布市 2009—2016 年各项指标值见表 8－9。

表 8－9　乌兰察布市经济发展状况

年份	人均 生产总值（元/人）	全社会固定资产投资（亿元）	第二产业增加值（亿元）	第三产业增加值（亿元）	地方财政（预算）收入（万元）
2009	23454.00	233.70	78.91	160.12	139933.00
2010	26604.00	274.90	296.74	176.90	173344.00
2011	32246.00	462.00	371.19	207.17	234666.00
2012	36721.00	619.60	418.63	238.56	348006.00
2013	39154.00	800.70	437.11	265.79	761713.00
2014	41081.00	570.20	434.64	307.13	510240.00
2015	43161.00	658.80	443.84	337.54	551510.00
2016	44560.00	661.40	460.28	350.67	566795.00
2017	47011.00	533.50	478.28	374.16	431200.00
2018	49690.00	426.80	501.24	409.72	462000.00

（2）大同市经济发展现状。

山西省是我国高物耗、高能耗、高污染的粗放型经济模式的典型代表，大同作为代表中的代表，长期以来形成了以“同煤集团”为代表的以煤炭为主的主导产业，集聚了大量的就业人口，创造了大量的税收。但不幸的是，这些产业都属于产能过剩的行业，而且处在市场的激烈竞争下。2017 年，全市上下在大同市委、市政府的坚强领导下，以习近平新时代中国特色社会主义思想为统领，认真贯彻落实党的十九大精神以及习近平总书记视察山西重要讲话精神，按照省委、省政府各项决策和部署，坚持深化供给侧结构性改革和加快资源型经济转型步伐，努力破解发展难题，积极应对风险挑战，全市经济发展呈现出趋稳回升、稳中有进、稳中向好的积极态势——转型升级不断推进，民生保障持续增强，生态环境显著改善，文化旅游发展繁荣，社会事业全面进步。

大同正在进行经济发展方式的转型。作为山西省“两个尖兵”的带头人，大同市正在向旅游型城市和绿色能源型城市过渡，并取得了一定的成效。初步核算（表 8－10 为大同市 2009—2018 年各项指标值），其在山西省内的经济发展中属于中等偏上水平，并且经济地位在逐年提高。2017 年全年全市地区生产总值实现 1121.8 亿元，按可比价格计算，比上年增长 6.5%，其中，第一产业增加值 62.5 亿元，增长 3.5%；第二产业增加值 413.2 亿元，增长 5.7%；

第三产业增加值 646.1 亿元，增长 7.4%。第一产业增加值占地区生产总值的比重为 5.6%，第二产业增加值比重为 36.8%，第三产业增加值比重为 57.6%。全市人均地区生产总值 32687 元，比上年增长 6.0%。全年居民消费价格比上年上涨 1.3%，其中，食品烟酒类价格下降 1.5%；衣着类上涨 1.8%；居住类上涨 0.2%；教育文化用品及娱乐类上涨 3.2%；医疗保健类上涨 13.6%；生活用品及服务类下降 0.9%；交通通信类持平；其他用品及服务类上涨 4.3%。全年商品零售价格比上年上涨 2.1%，工业生产者出厂价格比上年上涨 9.9%。全年全市城镇新增就业人员 4.60 万人，转移农村劳动力 2.51 万人，年末城镇登记失业率 3.2%。

表 8－10　大同市经济发展状况

年份	人均生产总值（元/人）	全社会固定资产投资（亿元）	第二产业增加值（亿元）	第三产业增加值（亿元）	地方财政（预算）收入（亿元）
2009	18705.00	475.20	284.34	281.61	47.60
2010	21360.00	546.70	338.82	320.83	55.20
2011	25301.00	664.90	427.91	369.16	64.60
2012	27815.00	831.80	472.19	409.43	80.30
2013	28741.00	1036.30	455.56	457.11	94.60
2014	29607.00	1072.40	445.50	499.18	104.90
2015	30975.00	1145.40	440.02	556.68	92.40
2016	30032.00	1212.80	374.59	591.32	88.90
2017	32687.00	489.30	413.20	646.10	108.30
2018	36874.00	549.20	464.50	742.80	119.70

（3）张家口市经济发展现状。

改革开放以来特别是近 5 年来，张家口市委、市政府团结带领全市人民，立足实际市情，提出以科学发展为主题，以转变方式为主线，围绕科学发展、跨越赶超的总体要求，坚持“开放创新、全民创业、特色创优、富民强市”的发展总思路，把握“把劣势转化为优势，把优势发挥到极致”的理念，全力发展“4＋3”现代产业，打造“京冀晋蒙交界区域中心城市”。张家口市进入了历史上发展最快，最好的时期。综合实力明显增强，全市生产总值连续五年高速增长，年均增速达到 11.5%，规模以上工业企业主营业务收入突破千亿元大关。

张家口市城乡面貌日新月异，按照“河为脉、山为骨、绿为体、文为魂”的绿化建设思路，成功创建国家园林城市，全市城镇化率达到47.5%；开放开发步伐加快，巩固扩大了与国字头、央字号企业集团的合作，全面深化了与港台、沿海和京津地区的对接；金融环境不断改善，连续四年被评为“全省金融生态城市”，并先后获得“中国金融生态城市”“中国最佳投资环境城市”称号。2013年11月，经党中央、国务院批准，中国奥委会正式同意北京和张家口一同申办2022年冬奥会，并以北京市名义向国际奥委会提出申办申请。如今“塞外明珠”张家口正以其与日俱增的独特魅力和迅猛的发展势头，再向世人展现经济强市、文化名城的雄风。表8－11为张家口市2009—2018年经济发展状况数据。

表8－11　张家口市经济发展状况

年份	人均生产总值（元/人）	全社会固定资产投资（亿元）	第二产业增加值（亿元）	第三产业增加值（亿元）	地方财政（预算）收入（亿元）
2009	18948.00	657.50	334.80	344.20	47.00
2010	22517.00	903.70	415.20	398.30	62.40
2011	25649.00	967.10	494.40	443.90	83.00
2012	28139.00	1163.10	529.00	498.70	106.60
2013	29908.00	1271.90	554.60	526.90	118.50
2014	30540.00	1402.00	575.50	533.90	125.80
2015	30840.00	1554.20	545.60	574.30	133.40
2016	33142.00	1631.30	547.20	652.80	141.70
2017	35123.00	1638.70	548.60	726.00	135.80
2018	34661.00	1760.00	518.40	791.60	156.90

8.2　经济协同发展对策

（1）积极投入适量的要素并进行合理配置。

区域经济发展离不开诸如自然资源、政策支持、生产技术等生产要素的支持，而区域经济可持续发展程度的高低直接由要素聚集的程度和规模所决定。当前我国部分区域的要素聚集并未考虑当地环境和资源的承载能力，要素的过度集聚导致各个区域的经济发展极为不平衡，并造成了严重的环境污染问题。因而在进行要素集聚的过程中，首先要考虑区域的生态承载能力和资源配置状况，根据区域的经济结构和产业结构进行适当的集聚，采用合理的方式进行资源配置，如资源丰富的区域可以适当引入大量的劳动力资源和资本，发展密集型企业，也可以在劳动力丰富的地区建立生产线，最大程度上减少企业的人力成本。提高资源的利用效率，采用低能耗、低投入、高产出的经济发展模式，如改进生产工艺、加大对废弃物的回收利用程度，提高人员素质，改善企业的生产方式，引进先进的技术设备等。与此同时，要大量引入高新科学技术成果，加强技术创新，在吸收先进技术的基础上提高对科技研发的投入力度，提高自身的创新能力。调整区域内的各个产业在经济结构中所占的比例，实现产业结构的优化升级，促进区域经济的可持续发展，实现经济发展和环境保护的协调发展。

（2）加大区域经济支持及生态环境保护力度。

要素集聚既是区域经济发展不可或缺的重要因素，也是基础。因而在进行要素集聚的过程中，一方面要进行合理的要素集聚，将各类经济要素按照经济发展需要进行合理配置。另一方面则是要为要素集聚创造良好的区域经济环境和生态环境，抓好区域内各项基础设施建设，诸如产业园区的建设、交通基础设施建设，发挥要素集聚和区域经济增长的功能。要素集聚是当前经济全球化发展的基础性特征，因而要求各个区域之间必须遵循市场要素流动的规则，建立完善的制度体系，确保要素能够根据需要进行自由流动。区域内的政府也应该着力出台各项有利于要素集聚的政策措施，为经济要素的自由集聚创造更多的便利。环境保护对要素集聚有着重要的作用，已经成为当前发展经济必须考虑的因素。因而区域也要做好环境保护工作，为要素集聚提供生态环境支持，从而形成要素集聚效应，最大程度上发挥经济要素的效用。

（3）建立区域经济可持续发展的合作机制。

经济的快速发展大大推动了我国经济的市场化进程和经济体制改革，为要素的自由流动创造了良好的条件。然而各地区的资源禀赋和环境承载能力各不相同，吸引要素集聚的条件也大相迥异。在此背景下，为了能够有效发挥环境约束下要素集聚对区域经济可持续发展的作用，必须要建立区域经济可持续发展的合作机制，如根据各个区域的资源状况和环境承载能力，建立相应的产业结构。如在自然资源丰富的地区，建立资源密集型产业；在劳动力丰富的地区建立劳动力密集型产业。在保护环境方面，要充分考虑生态环境污染的扩散效应，各个区域应该联合出台相关政策措施，并结合本区域经济结构的状况制订相应的对策，发动各个区域的力量加大环境保护的力度，为要素集聚创造良好的生态环境。

8.2.1 蒙晋冀（乌大张）长城金三角合作区经济协同发展现状

近年来，在乌兰察布市、大同市、张家口市三地政府的大力推动下，职能部门和其他机关单位以及社会公众广泛参与，开展了积极的交流合作，取得了丰硕的成果（见表8-12）。

表8-12 蒙晋冀（乌大张）长城金三角合作区经济合作概览

机关单位	合作项目
各市党政、相关部门及工商界	2014年8月18日，蒙晋冀（乌大张）长城金三角合作区首届联席会议在乌兰察布市召开；2014年10月，成立了乌大张区域合作区协同委员会。 2015年6月10日，乌大张三市政法区域合作联席会议；2015年8月，第二届联席会议在山西大同召开；2015年11月10日，蒙晋冀（乌大张）长城金三角合作区建设进展情况调度座谈会在乌兰察布市召开；2015年12月，乌兰察布、大同和张家口三市联合提出要建设乌大张经济合作区。 2016年5月，蒙晋冀三地市长签署了《协同推进蒙晋冀长城金三角合作区规划》。 2016年8月23日至24日，第三届联席会议在张家口市召开；2017年9月4日，第四届联席会议在乌兰察布市召开，张家口市社科联与乌兰察布市、大同市社科联共同签署了“‘乌大张’智库合作联盟成立宣言”。 2018年12月24日，以“绿色发展 合作共赢”为主题的蒙晋冀（乌大张）长城金三角合作区第五届联席会议在大同市召开

续表

机关单位	合作项目
各市市政务服务中心	2012年7月，乌兰察布市政务服务中心倡议，大同市、张家口市政务服务中心共同发起，成立了“蒙晋冀毗邻地区政务服务中心联席会议制度”。 2013年7月，乌兰察布市承办首届政务服务中心联席会议，此后三市轮值召开。 2016年8月25日至26日，乌兰察布市轮值召开第四届蒙晋冀（乌大张）政务服务中心联席会议
各市高校	2015年8月24日，三地高校区域交流合作论坛在乌兰察布市召开。 2017年6月16日，高校教育联盟合作框架协议签约仪式在山西大同大学举行
各市工商局	2015年10月13日，三地工商部门共同制订并签署“‘乌大张’长城金三角合作区发挥工商职能促进区域经济发展合作协议”
各市旅游局	2014年9月20日，在天津梅江会展中心隆重举行“乌兰察布—大同—张家口区域天津旅游推介会”。 2015年6月，签订长城金三角合作区旅游合作框架协议
各市国税局、地税局	2016年12月1日，蒙晋冀（乌大张）长城金三角合作区税收合作第一届联席会议在大同市召开，三市共同签署了《蒙晋冀（乌大张）长城金三角合作区域税收协同共建框架协议》《跨区域税收管理协作实施意见》和《加强非正常户税收管理协作备忘录》，标志着以“互联网+涉税大数据”为支撑，以“三统一、三互助、两互认”为框架的税收合作在长城金三角合作区正式启动，长城金三角区域税收合作开启e时代。 2017年11月，乌兰察布市、大同市、张家口市三地国地税六局共同签署了《蒙晋冀（乌大张）长城金三角区域税收协同共建框架协议》等，建立了以互助共赢为目标的税收合作机制，形成了以“互联网+”为支撑的税收合作方式，明确了以“三统一、三互助、两互认”为框架的税收合作内容，标志着乌大张“长城金三角”国地税收业务合作正式启动
各市粮食局	2016年9月，三市共同举办了首届内蒙古粮食产销协作洽谈会和首届乌大张三地粮食部门区域合作交流会
各市地震局	2015年8月4日，乌（乌兰察布）大（大同）张（张家口）三市防震减灾联席会议，在内蒙古自治区乌兰察布市召开。 2016年11月，大同市地震局组织召开乌大张暨京晋冀蒙交界区地震联防会议。 2017年11月13日至14日，2017年度晋冀蒙（乌大张）防震减灾联防会议在河北省张家口市召开

续表

机关单位	合作项目
各市相关企业	2014 年 12 月 23 日，内蒙古西部天然气股份有限公司相关负责人与规划编制组专家学者举办座谈会。 2017 年 9 月 4 日，蒙晋冀（乌大张）长城金三角合作区第四届联席会议三地企业家座谈会在乌兰察布市召开
各市林业局	2016 年 4 月 25 日，由内蒙古乌兰察布市、山西大同市和河北张家口市林业局三家联合发起的乌大张长城沿线绿道项目开始规划

8.2.2 蒙晋冀（乌大张）长城金三角合作区经济协同发展面临的困境

（1）三地缺乏协同治理机制。随着三地经济合作的不断深入，三地政府也达成了共识，合力推动三地经济发展。近年来，蒙晋冀三地签订了一系列合作协议，建立了政府领导层面的协商机制，成立了协同创新中心。尽管如此，区域内依旧受行政壁垒的约束，难以跨越各自行政利益的鸿沟，这是阻碍经济协同发展的一个客观存在。省级层面对各地州市的考核考量是以行政区划为单位的，因而各有各的利益驱动与利益诉求，只有建立双方合作共赢的利益分享机制，才能化解区域经济协同中最为纠结的现实问题。除“地方保护主义”盛行外，地方政府之间也存在竞争大于合作的现象。不可否认，在某种程度上或者某些领域内，地方政府依然受“唯生产总值”观念的影响。所以，造成了蒙晋冀三地在合作中从各自利益出发，力求最大程度地实现自身利益，而不是利益共享。合理的竞争会推动经济的发展，但过度竞争也会导致资源的浪费。显然，仅依靠各个行政实体的自发合作，难以完成国家要求协同创新的意志，因此需要高效的协同创新机制。

（2）联合创新的内在动力欠缺。从整体来看，蒙晋冀三地企业联合创新无明显的趋势，三地联合专利的申请量也无明显提升。从联合创新的上升的幅度以及数量来看，与京津冀、珠三角和长三角地区还有很大的差距。从各区域内部的创新实力来讲，三地中河北省最雄厚，其次便是山西省，内蒙古自治区处于垫底的位置。三地应通过进行相关制度创新来促进联合创新，以联合创新促进产业结构调整优化和经济发展。积极全面贯彻落实“科教战略”，不断优化科技创新环境，提高三地联合创新水平，为经济社会发展提供基础和保障。

（3）区域内市场活力不足。随着京津冀一体化步伐的加快，环渤海经济圈已逐渐建立。乌大张也在这个经济圈的边缘。由于地理位置近，城市有着相似的产业结构，乌大张合作区的建设有了更为坚实的基础。因此，借助各省资源，依托城市力量，借势发展、互补共赢是乌大张今后的发展方向。尽管如此，蒙晋冀区域内的市场化程度并不高，三地之间的联系也并不是很紧密。与京津冀等地区相比，市场活力和市场机制的发育程度上都与之相差很远。此外，蒙晋冀三地政府在发展区域经济时习惯了依赖政府行政手段，市场主体的发展也靠政府的政策和资金。蒙晋冀区域市场活力的不足便限制了地区之间的各创新主体间联系与合作的机会，减少了各类要素的自由流动，从而削弱了市场对资源优化配置的能力。

（4）促进协同创新的政府机制尚未形成。当一些跨国公司凭借其自身经济和科技实力取得在我国市场绝对性优势时，便会对我国的自主创新企业形成压制，从而削弱我国自主创新企业的技术创新活力。如一些具有知识创新能力的公司，在技术开发和技术创新领域取得成功后，一些跨国公司从自身利益出发，为了防止这些公司成为竞争对手，便会采取各种手段进行干扰，我国企业很难获得进入该领域的通行证。解决此类问题，单靠地方政府是行不通的，需要中央层面尽快出台相关政策法规，积极且有效地打击各种恶性竞争的行为，尽快改变本国企业所面临的发展不利的局面，以维护国家利益和本国企业的创新能力。同时，政府采购支持也不到位。一些自主创新企业在发展中会遇到诸多困难，如资金瓶颈制约、市场开拓能力弱等。相对于资金支持，政府的采购市场对自主创新企业具有更加有效的作用。此外，在创新主体合作中也缺乏协同机制，未建立起有效的合作模式。我国的科技评估机制也不尽合理，高校和科研机构重视论文发表和奖项获得情况。这种评估机制造成了企业和高校以及科研机构之间价值观念和利益取向的不同。这些问题并非仅在京津冀区域经济发展过程出现，而是全国范围内经济发展的普遍问题。要解决这些问题，需要中央层面的政府协同机制的建立和有效发挥。

8.2.3 构建蒙晋冀（乌大张）长城金三角合作区经济协同发展机制

根据基于熵权法的复合协同度模型得到的结论，结合蒙晋冀（乌大张）长城金三角合作区经济协同发展现状及面临的困境，蒙晋冀（乌大张）长城金三角合作区区域经济协同发展的关键在于利益的共赢，因此，要构建以处理各自利益关系为核心的合作机制。本书提出构建政府、市场、组织三位一体的协同发展机制。

（1）政府在区域经济协同发展中起主导作用。

正确认识政府在区域经济协同发展中的角色和职能定位是区域经济协同发展顺利开展的关键。政府需要在推进区域协同发展中扮演主导性角色，只有建立起政府主导的区域管理体制和管理机制，协同发展才能取得较好的效果。

基于蒙晋冀（乌大张）长城金三角合作区域内乌兰察布市、大同市、张家口市具有各自的资源禀赋和独具的特色，比如乌兰察布市的能源产业，大同市可以借助北京到大同高铁的开通趁势发展旅游产业等，张家口可以借助京津冀区域一体化发展的平台发展优势产业集聚园区。三地政府应制订区域协同发展的规划，从而充分发挥区域内各地的优势，适合本地特色，增强各地区的自我发展能力，培育各自的经济增长点。

政府在区域经济调控中，应作为区域经济的发展提供良好的社会氛围的塑造者。随着自然资源、劳动力等“硬实力”在区域经济竞争的重要性逐渐被制度、文化等“软实力”因素代替。政府在塑造一个区域的优质文化特质、良好的社会氛围上起着非常重要的作用。

政府是公共产品和公共服务的提供者，应强化服务意识，全面建设服务型政府，为当地经济的发展积极创造条件。如通过加强公共基础设施的投资为后发地区的发展提供有利条件，通过推动科技技术的进步，引进高科技人才，提供智力资源的保障等。

政府应积极培育和引导各种行业协会和中介组织。行业协会和中介组织行业在方便群众方面发挥了积极作用，同时也集中反映了一类群体的利益。加强与这些行业协会和中介组织的联系，规范和管理好这些组织，能更高效地为当地经济服务。

（2）市场在区域经济协同发展中起基础作用。

市场机制在区域经济协同发展中仍然是最高效的资源配置方式。完善市场经济体系，使得各种生产要素在区域内充分流动，尤其是人口的集聚与经济的集聚在空间上保持匹配，在区域经济协同发展中发挥着基础性的作用。越是竞争性领域，市场机制越是能充分配置各种生产要素。根据发达国家的税收经验，对生产环节少征税甚至不征税、对最终消费环节多征税可以推进区域协同发展。因为消费税是地方的主要税源，因此人口多的地方所获得税收多，人口少的地方获得的税收也少，地方税收的多少是和当地的人口规模息息相关的。所以乌大张三地政府还须大力发展基础设施建设，从而提高市场机制配置资源的效率，比如大同与北京高铁建设就是一项带动大同市经济发展的有利工程。

（3）组建区域利益协同机构——蒙晋冀（乌大张）长城金三角区协同发展委员会。

蒙晋冀（乌大张）长城金三角合作区协同发展应由乌大张三地政府共同组建乌大张协同发展委员会，并在地市、县市设立分支机构，给予实质意义上的权力与地位，其地位需要在中央政府和省政府之下，乌、大、张市级政府之上，要能够对乌大张三地的区域资源，如财政、科技、组织、人才、信息、自然资源等进行整合。蒙晋冀（乌大张）长城金三角区协同发展委员会性质属于蒙晋冀（乌大张）长城金三角区的正式协同机构，是对蒙晋冀（乌大张）长城金三角区区域发展进行统一协同的区域组织机构，能够解决跨界区域之间需要协同的矛盾与问题，也可以在委托的情形下实施协同职能；能够直接实施其被授予的管理职责，也能够针对跨界区域的协同行为进行管理方面的策略提议。

具体而言，蒙晋冀（乌大张）长城金三角区协同发展委员会对区域综合开发的规划进行编制，对涵盖自然、经济、社会等内容在内的区域综合开发进行纲领性的指引；负责具体落实区域的综合开发项目，明确授权给政府机构、非政府机构或私人企业完成相关开发项目；保证区域开发的部分资金、区域综合开发的法律和制度保障；协同中央和地方、地方和地方政府之间的关系等。另外，制定协同蒙晋冀（乌大张）长城金三角区日常工作的办公室制度，主要对本区域的日常事务进行协同管理，并确保协同工作的贯彻落实。

第一，建立约束机制。使乌兰察布市、大同市、张家口市在蒙晋冀（乌大张）长城金三角区协同发展委员会领导下，在符合蒙晋冀（乌大张）长城金三角区区域经济协同发展精神下，各自发展优势产业、特色产业，形成产业联动，积极引导形成产业集聚，对某些重污染、高能耗、落后产能等产业，加征各种税收以限制其发展，或者责令其在处理好污染物、高效利用能源、淘汰落后产能等治理后，才能生产。约束机制往往通过实施行政政策、限制贷款、加征税费等措施来实现。

第二，建立协作机制。打破壁垒，在指标体系、政策体系、统计体系、绩效评价和政绩考核体系等方面对经济协同部分进行调整。由于政绩考核和利益分配是按行政区划设定的，所以行政壁垒是阻碍经济协同发展的一个客观存在。省级层面对各地州市的考核考量是以行政区划为单位的，因而各有各的利益驱动与利益诉求。只有打开行政壁垒上的缺口，建立双方合作共赢的利益分享机制，才能化解区域经济协同中最为纠结的现实问题。

第三，建立区域共享机制。政府间利益共享、风险共担是促进乌大张区域合作的前提；处理好合作区内各政府部门间的利益分配问题，寻求三地政府一致的利益平衡点，是地区协同发展的重要前提和保障。利益共享、风险共担强调政府之间的互助、合作，有利于提高三地政府的积极性，有利于区域内部人才、技术、资金等资源的共享和优化，更好的推动城市之间的合作，促进区域经济的健康可持续发展。首先，建立利益共享机制，具体而言，就是首先由蒙晋冀（乌大张）长城金三角区协同发展委员会从宏观上进行政策调整，特别是要调整区域发展以及产业结构等方面的政策。最大程度上实现（蒙晋冀）乌大张长城金三角区域发展过程各项政策的最佳配合；在最大限度内考虑地方上的经济利益，还要能够使中央政府和地方政府之间根据合理的分配比例，对发展过程中所带来的经济效益实现共享。另外，要尽可能地在地区间实现不同产业利益的共享，实现区域协同发展过程中所发生的利益差异能够合理的分布在不同地区之间。由此可见，与以往的利益协同方式相比，蒙晋冀（乌大张）长城金三角合作区区域经济的利益分享机制是建立在市场经济关系的基础上，是在（蒙晋冀）乌大张长城金三角经济协同发展委员会协同的条件下，建立的一种新型地区利益关系，即以平等、互利、协作为前提构成的地区间竞争与合作的关系，同时利用地区间利益的分享来最终达到地区共同富裕的目的。其次，建立资源共享机制，建立区域资源的储备库，分类整合区域内的优势资源，设立资源搜索目录；结合优势资源之后，进行地区产业分布的研究，科学对接上下游产业链；从整体上来把握资源的分布与使用状况，对资源进行合理的让与、合作以及开发；遵循市场配置原则，构建资源要素的双向流转和产业的合理布局，实现产业链的升级，破除资源的地方垄断，达到共享资源。最后，建立信息传导机制。信息传导机制需要确定具备下列基本内容：传导信息的纵、横向途径，各传输中介在途径中的义务、权利，传导信息机制自身的不足表现和改正制度等。既要确保取得信息的数量是足够的，还要确保信息的取得、传输以及信息的质量，从而实现政府间的信息资源共享，实现决策者能够对市场所体现的各项信息及时、准确的掌握，确保所做的决策适应市场的需要。

（4）建立人才培养制度，推动各类人员合理流转。

一方面，完善蒙晋冀（乌大张）长城金三角区域领导干部的互相挂职、任职制度。明确蒙晋冀（乌大张）长城金三角区域领导干部或者高层级人才挂职、任职的指标，颁布激励和保障干部挂职、任职的政策。另一方面，要深化科教资源的共享，构建三地人才需求的信息平台，共同培养人才。按照社会的需要和区域内各地区的教育特点，逐步破除招生、就业等方面的体制阻碍，三地共建优质教育资源。比如，蒙晋冀（乌大张）长城金三角合作区的高级别人才能够在整个区域承办课题、共同研究，对在区域发展中做出杰出贡献的可以进行奖励。同时，支持民间流动，可以推动三地的企事业单位、社会团体组织等共同举行工作调研、学术论坛、体育赛事、文化交流月和旅游节等。

蒙晋冀（乌大张）长城金三角区协同发展委员会设立了“蒙晋冀（乌大张）行政首长联席委员会”，主要对蒙晋冀（乌大张）长城金三角区跨区域的各项行政事务以及总体区域战略规划进行协同讨论，由国务委员和蒙晋冀三地的行政区首长组成，最高首长由省级政府的省长或省委书记担任，这样做的目的是为了确保省级政府在蒙晋冀（乌大张）长城金三角区协同过程中的威慑力，保障委员会的各项决议对整合城市群的发展发挥有利的作用。在该协同机构下要以组织级别、职责分工为原则，设立常务议事、专家咨询和具体相关业务的各个部门。

具体的组织结构如图 8 – 1 所示，行政首长联席委员会的职责是制订经济发展的总体规划、产业发展规划等；协同常务委员会的主要职责就是对行政首长联席委员会闭会期间的平常事务予以处理，是联席委员会的常设机构；专家咨询委员会的职责是在行政首长联席委员会做决策时提供专业方面的咨询和建议，组成人员是各专业的专家学者，下面还根据具体专业设立不同的咨询部门；各地方政府的职能部门则以执行具体方针政策为职责，直接由区域内各地方政府的行政首长进行管理。

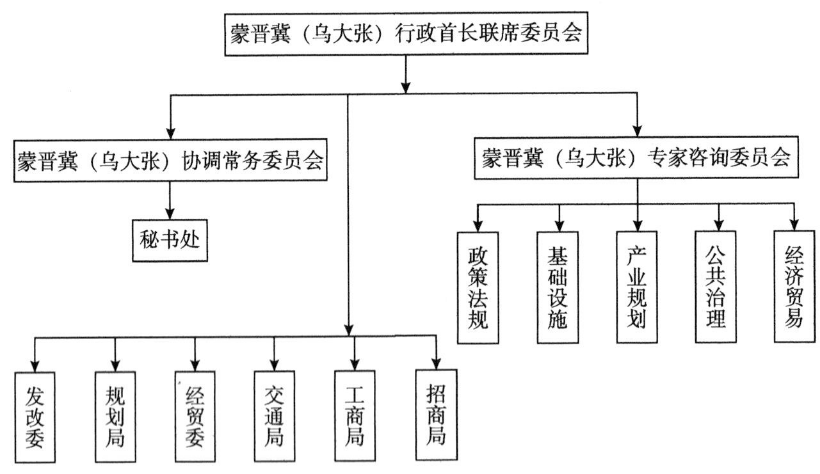

图 8 –1　蒙晋冀(乌大张) 长城金三角区协同发展委员会具体组织结构

第9章　合作区科技协同创新

科技是第一生产力，当今世界科学技术已经成为国家、地区核心竞争力的关键要素。人力、物力和财力是科技发展的必备条件，其投入也要考虑成本收益比，以可持续发展的视角来分析不同区域科技资源配置状况有较为现实的意义。2015年6月发布的《京津冀协同发展规划纲要》提出，支持蒙晋冀毗邻地区（乌兰察布—大同—张家口）合作区建设，标志着乌大张合作区的建设正式上升为国家发展战略。分析蒙晋冀的科技资源配置状况，将蒙晋冀区域的科技投入产出数据与京津冀进行比较分析，对乌大张长城金三角合作区以及京津冀周边地区的协同发展具有参考意义，也可为后续的深入研究构建分析工具、找出不足和提出对策建议提供支撑。

在区域互助成长机制和蒙晋冀（乌大张）长城金三角合作区的推动下，内蒙古自治区、山西省、河北省融入北京市、天津市合作发展一体化机制。通过改良乌大张地区的科技资源投入模式可以延长扩展产业链条，更好地为首都经济圈发展做贡献，也可创新跨省市、跨地区的合作机制，探索欠发达地区经济互助模式，增进各民族团结与繁荣。本书通过选取北京市、天津市、河北省、内蒙古自治区、山西省的科技投入产出指标，分析了蒙晋冀和京津冀的科技投入与产出发展现状，提出了乌大张作为蒙晋冀融入京津合作发展的重要合作区，需要优化科技资源配置的对策，从而有利于以上地区合理配置科技资源，提高科技资源的产出效率。

2015年，《京津冀协同发展规划纲要》将蒙晋冀（乌大张）长城金三角合作区纳入其中，使其正式上升为国家发展战略。乌大张合作区处于蒙、晋、冀三省交会处，是我国构建中蒙俄经济长廊必不可少的部分，同时也是实施京津冀协同发展战略的重要组成部分。河北省区位优势明显，作为京津冀（环渤海）合作区和蒙晋冀（乌大张）合作区的交会处，是沿海城市群和内地资源区沟通、联系的重要节点，是覆盖西北、华北、东北三大区域的重要物资集散中心，也是戍守北京的“北大门”。因此，对河北省科技层面的概述对蒙晋冀合作区的研究较为重要。科技资源是蒙晋冀（乌大张）长城金三角合作区协同发展的重要方面。尤其随着经济快速发展，各类科技资源的竞争优势逐步凸显，科技与经济并驾齐驱，相互作用、相辅相成，共同成为衡量与评估国家、地区之间整体实力和水平的重要标准。研究分析其潜力城市的科技资源投入—产出（基于复合系统协同度模型），对蒙、晋两省组团融入京津冀有重要的意义。运用定量和定性相结合的研究方法，对河北省潜力城市的科技资源从科技投入和产出两方面作研究综述，给政府部门政策的出台、实施提供参考。

9.1 蒙晋冀（乌大张）长城金三角合作区科技协同创新实务

对科技投入产出效率进行评价时，为了能准确地测算出京津冀和蒙晋冀科技投入产出效率，要从实际出发，考虑科技投入规模、人才资源、结构及运行方式、政策环境以及其他相关因素的作用及影响，才能客观反映出科技投入产出的状况。

构建的评价指标体系应反映被评价的指标整体以及本质属性，遵从客体的内在规律，反映其本质。

确定构建科技投入与产出效率评价指标体系的目标，是为了合理分配科技投入资源，推动经济发展，构建区域合作机制，实现区域共同繁荣发展。

对科技资源投入与成果产出效率进行评价要有逻辑性，评价指标体系应涵盖全部科技投入产出要素，注重评价指标体系之中的逻辑关系，展现科技投入产出的特点，全面反映科技投入的直接效果、间接效果、经济效益和社会效益。

科技投入产出的评价指标体系应考虑经济性、实用性。数据来源应方便采集并真实可靠。每一项评价指标都应该便于整理、易于使用。

我国目前对科技资源的研究主要以内涵、配置、技术创新为内容展开。大多数是对一些省市的科技资源投入、产出的总体情况进行概述。汪传雷、许冰凌等以阐述科技资源共享的定义为前提，从物力、信息资源等多个方面研究美国科技资源共享的发展状况，吸取这方面的相关经验和教训，阐述了对我国科技层面产生的启发。许晓军从科技人员、研究与发展投入、科学仪器设备、网络数据库、科技产出等方面分析了淄博市目前科技资源的状况，阐述了淄博市科技资源在科技活动中存在的问题，并提出一系列有效措施。王景秋根据科学技术的不断发展以及世界各国对科学技术的需求不断增长的现状，提出了如何在有限的科技创新资源条件下对其进行合理配置的问题，并在此基础上通过对区域科技创新资源进行分析研究，提出了部分指导性建议。刘立焱、张敏通过统筹体系对西安科技资源现状进行分析，指出其发展过程中存在明显的问题，提出政府必须发挥其职能作用，对科技资源进行合理配置。

科技资源是指能够直接或者间接进行科技活动、创造科技成果的要素集合，主要包括科技人才、财力、物力、信息资源等。各要素之间相辅相成、互相贯通。它们都是科技活动中至关重要的因素。通过分析三市当前科技资源的状况，提出相应对策、路径，有利于政府部门制订相关的科技资源政策，对促进河北省科技发展有一定的推动作用，对京津冀、长城金三角合作区协同发展也具有重要意义。

（1）科技人力资源。科技人才是指服务于科技领域，能够进行科技活动的人力因素。例如：各类科技管理人员、科技研发人员等和本科生、研究生等高学历人才，具有较高的研究能力，能够为创造科技成果贡献巨大力量。科技人才不仅是国家、各地区重要的战略竞争主体，也是促进科学技术进步和推动经济发展的重要因素所在。一个国家或地区的综合实力可以通过科技人才的数量和质量来衡量。

（2）科技财力资源。科技财力资源对科技发展的重要作用如同石油对汽车的作用一样，是构成科技资源必不可少的因素。它是指用于科技研究、开发等科技活动的支出，主要包括进行科技活动、创造科技成果的政府财政科技支出、自筹资金、银行贷款、各类捐助资金和其他经费等。

（3）科技物力资源。科技物力资源是指各种推动科技进步的技术设施和原材料，各类科研院所、技术开发机构、实验室、各类工程研究中心等。先进的科技物力资源，有利于充分发挥科技效能，创造先进的技术成果，加速科学技术产出进程，使得各项资源物尽其用。

（4）科技信息资源。科技信息资源是存放科技活动、知识和科研成果的主要载体，是记载和传播科技信息的重要途径。主要包括科技文献、期刊、专利、数据、自然科学资源、档案资料和各类数字化信息等，是对前辈所创造的科研成果的总结，是对人类精神财富的储蓄，也是供后人借鉴、分享、运用的宝库和主要工具。

根据评价指标体系的构建原则，以区域科技投入与产出效率为研究目的，选取了以下科技投入与产出指标，在不同的实证研究中，还可根据实际情况适当调整部分指标参数。

科技资源投入一般包括人力资源投入和财政经费投入两个方面。人力资源投入涵盖了科技活动总人数和科技活动中科学家和工程师人数。这两个指标反应了科技投入人力的数量和质量，是一个地域科技活动的根本。财政经费投入辅助科技活动人员进行科研活动，推动科技创新，是国家或地区科技活动发展的重要动力支持。财政经费投入一般包含科技活动经费总额、研究发展经费总额、研究发展经费总额占生产总值的比重、科研设备固定资产四个方面。科技活动经费总额和研究发展经费总额反映了科技投入资金的数量，研究发展经费总额占生产总值的比重反映了该地区科技投入资金的质量和对科技的重视程度及支持力度，科研设备固定资产反映了该地区科技研究的硬件质量和科研环境质量。

科技发展研究程度是一个地区科技发展状况的重要表现，根据科技产出的成果及作用可分为知识成果和应用成果两类。知识成果包括地区发表科技论文数量和地区发明专利授权数量。科技论文发表数反映了该地区的科技投入产出效率和效果，专利授权数反映该地区的自主创新能力。应用成果反映了科技产出为国家或地区所带来的贡献，包括技术市场成交合同金额和高新技术产业产值。这两个指标反映了地区创新成果的价值，是科技推动经济发展在市场的体现。技术市场成交合同金额反映了市场对科学技术产出成果的需求，也间接反映了科技成果的产出。高新技术产业产值是以科技成果为基础，进行的产品生产、开发过程带来的经济效益。

9.1.1　乌大张科技资源比较分析

（1）蒙晋冀科技资源配置状况纵向比较分析（见表 9－1）。

表 9－1　蒙晋冀科技投入与产出数据汇总

年份	财政科技支出额（亿元）	占地方财政一般预算支出的比重（%）	研发经费（亿元）	研发经费占生产总值的比重（%）	科技活动机构（个）	从事科技活动人员数（人）	技术合同成交额（万元）	专利授权数（项）	专利申请数（项）
内蒙古自治区									
2009	18.07	0.93	52.07	0.53	97	8296	14.77	1494	2484
2010	21.39	0.94	63.72	0.55	97	8437	27.15	2096	2912
2011	28.21	0.94	85.17	0.59	95	8227	22.67	2262	3841
2012	27.61	0.81	101.40	0.64	97	9213	30.15	3084	4732
2013	31.64	0.86	117.20	0.70	97	9145	38.74	3836	6388
2014	32.87	0.85	122.10	0.69	97	8679	14.94	4031	6358
2015	35.72	0.84	136.10	0.76	97	9002	15.39	5522	8876
2016	32.38	0.72	147.50	0.79	98	9597	12.05	5846	10672
2017	33.67	0.74	132.30	0.82	96	9551	19.61	6271	11701
2018	—	—	129.20	0.75	—	—	—	9625	16426
山西省									
2009	17.61	1.13	80.86	1.10	171	16186	16.21	3227	6822
2010	20.12	1.04	89.88	0.98	172	16364	18.49	4752	7927
2011	27.17	1.15	113.39	1.01	170	16927	22.48	4974	12769
2012	33.32	1.21	132.30	1.09	179	16876	30.61	7196	16786
2013	62.06	2.05	155.00	1.23	164	16512	52.77	8565	18859
2014	52.26	1.70	152.20	1.19	163	15913	48.46	8371	15687
2015	37.47	1.09	132.50	1.04	166	16208	51.20	10020	14948
2016	34.56	1.01	132.60	1.03	165	16479	42.56	10062	20031
2017	50.25	1.34	148.20	0.95	162	15991	94.15	11311	20697
2018	—	—	175.80	1.05	—	—	—	15060	27106

续表

年份	财政科技支出额（亿元）	占地方财政一般预算支出的比重（%）	研发经费（亿元）	研发经费占生产总值的比重（%）	科技活动机构（个）	从事科技活动人员数（人）	技术合同成交额（万元）	专利授权数（项）	专利申请数（项）
河北省									
2009	26.43	1.13	134.84	0.78	74	15423	17.20	6839	11362
2010	29.65	1.05	155.45	0.76	75	15935	19.29	10061	12295
2011	33.22	0.94	201.30	0.82	75	17095	26.25	11119	17595
2012	44.74	1.10	245.80	0.92	76	18121	37.82	15315	23241
2013	49.76	1.13	281.90	1.00	76	19569	31.56	18186	27619
2014	51.32	1.10	313.10	1.06	77	20347	29.22	20132	30000
2015	45.5	0.81	350.90	1.18	79	21605	39.54	30130	44060
2016	73.18	1.21	383.40	1.20	80	22900	59.00	31826	54838
2017	69.08	1.04	452.00	1.33	80	20921	88.92	35348	61288
2018	—	—	492.40	2.60	—	—	—	—	—

2009—2018 年，内蒙古自治区研发经费持续增加，2017 年有所减少；研发经费占生产总值的比重大体呈上升趋势，2018 年有所下降。2009—2017 年内蒙古自治区从事科研活动人员数整体上呈上升趋势，2009—2018 年科技活动机构保持在 97 个左右。而且专利授权和专利申请数不断增加。

2009—2017 年，山西省财政科技支出呈现螺旋上升趋势，2014—2016 年有所下降，其余年份都不断增长，山西省财政科技支出连续性不足。科技活动人员数量也呈现增长的趋势。2009—2017 年期间的科技活动机构总体变化不大，2012 年最多，为 179 个。科技活动机构人数基本保持不变，2011 年最多为 16927 个，2012—2014 年持续下降，2015 年人数有所增加。研发经费、研发经费占生产总值的比重、财政科技支出占地方财政一般预算支出的比重波动上升，其中 2009—2013 年间增速较快，2014 年后速度变缓且波动较大。专利授权数、专利申请数也呈现逐年递增趋势，专利申请数 2017 年同比增加了 6000 多项，专利授权数同比增加了 3500 多项，2017 年专利申请数比 2009 年多 50000 多项。

2015—2017 年间，张家口市财政科技支出占地方财政一般预算支出额比重逐年上升。研发经费（亿元）、研发经费占生产总值的比重（%）总体上呈现上升趋势。2009—2017 年张家口市科技专利申请量和授权量呈上升趋势。

（2）乌大张地区投入与产出总量横向比较分析。

运用如下方法进行分析：对前述涉及的科技投入产出指标相加，将相同年份，相同绝对指标相加做纵向处理。相对指标我们进行横向比较分析，不去做纵向处理。

① 科技资源投入处理结果及分析。

财政科技支出额除去 2009 年、2013 年这两个年份（见表 9 -2）；研发经费保留 2014 年、2015 年、2016 年三个年份（见表 9 -3）；科技机构和科技活动人员除去张家口市，只对大同市和乌兰察布市进行比较，其中科技活动人员去掉 2016 年（见表 9 -4）。

表 9 -2　乌大张 2010—2016 年财政科技支出情况统计　（单位：亿元）

年份	大同市财政科技支出额	乌兰察布市财政科技支出额	张家口市财政科技支出额
2010	0. 90	0. 34	0. 11
2011	1. 06	0. 21	0. 13
2012	1. 04	0. 21	0. 16
2014	1. 29	0. 37	0. 10
2015	0. 78	0. 98	0. 20
2016	0. 90	0. 15	0. 18
总量	5. 97	2. 26	0. 88

表 9 -3　乌大张 2014—2016 年研发经费情况统计　（单位：亿元）

年份	大同市	乌兰察布市	张家口市
2014	10. 20	0. 45	0. 02
2015	12. 90	0. 47	0. 09
2016	10. 60	0. 33	0. 02
总量	33. 70	1. 25	0. 13

表 9-4　大同市、乌兰察布市 2009—2016 年科技人力资源投入

年份	大同市科技活动机构（个）	乌兰察布市科技活动机构（个）	大同市从事科技活动人员数（人）	乌兰察布市从事科技活动人员数（个）
2009	6	7	196	358
2010	7	7	212	358
2011	6	7	191	365
2012	5	6	188	247
2013	5	6	169	250
2014	5	6	164	242
2015	5	6	163	231
2016	5	6	—	—
总量	44	51	1283	2051

通过对乌兰察布市、大同市、张家口市的科技人力、科技财力投入进行比较分析发现，大同市的科技财力资源总量投入最多，乌兰察布市次之，张家口市最少。大同市的科技财力资源总量远高于乌兰察布市和张家口市。大同市财政用于科技支出的总量是乌兰察布市的 2 倍，是张家口市的近 7 倍。近三年，大同市研发经费支出年均 11.2 亿元，乌兰察布市、张家口市三年总量之和是 1.38 亿元。乌兰察布市人力资源投入要高于大同市，科技机构相差不大，但是科技机构人数存在一定差距。

② 科技资源产出处理结果及分析。

通过分析，技术合同成交额将不进行比较；专利授权数对大同市、张家口市进行比较，其中专利授权数去掉 2009—2011 年，专利申请数去掉 2011 年。处理结果见表 9-5。

表 9-5　大同市、张家口市 2009—2016 年科技产出情况统计　（单位：项）

年份	大同市专利授权数	张家口市专利授权数	大同市专利申请数	张家口市专利申请数
2009	—	—	268	195
2010	—	—	244	661
2011	—	—	—	—

续表

年份	大同市专利授权数	张家口市专利授权数	大同市专利申请数	张家口市专利申请数
2012	402	161	801	322
2013	485	420	810	684
2014	419	525	760	1058
2015	679	787	971	1242
2016	887	837	1371	1479
总量	2872	2730	4713	4785

大同市和张家口市的统计分析结果显示，大同市的专利申请量和专利授权量都要高于张家口市，但总体差距不大，同时，张家口市科技人力、科技财力资源投入都远低于大同市，但知识产出却与大同市基本持平。

9.1.2　乌大张与京津冀的区域科技资源现状比较研究

（1）科技投入产出效率评价指标体系的构建。

对科技投入产出效率进行评价。为了准确地测算出京津冀和乌大张科技投入产出效率，需从实际出发，考虑科技投入规模、人才资源、结构及运行方式、政策环境以及其他相关因素的作用及影响，才能客观反映出科技投入产出的状况。本书依据科学性、目的性、全面性和可行性原则选出了如下指标（见表 9－6）：

表 9－6　科技投入产出效率评价指标分类

一级指标	二级指标	三级指标	单位
科技投入	人力资源	科技活动人员	万人
		科技活动中科学家和工程师人数	万人
	财政资金	科技活动经费总额	亿元
		研究发展经费总额（研发）	亿元
		研发经费总额占生产总值的比重	%
		科研设备固定资产	亿元

续表

一级指标	二级指标	三级指标	单位
科技产出	知识成果	发表科技论文数	篇
		发明专利授权数	项
	应用成果	技术市场成交合同金额	亿元
		高新技术产业值	亿元

（2）京津冀地区的科技投入产出状况。

京津冀的科技协同发展为蒙晋冀（乌大张）长城金三角合作区科技协同发展奠定了良好的基础，提供了丰富的合作发展经验。研究京津冀的科技投入与产出可以为蒙晋冀（乌大张）长城金三角合作区科技协同发展提供可借鉴的经验。表9－7是京津冀的科技投入与产出数据。

表9－7　京津冀科技投入与产出数据

年份	财政科技支出额（亿元）	占地方财政一般预算支出的比重（%）	研发经费（亿元）	研发经费占生产总值的比重（%）	科技活动机构（个）	从事科技活动人员数（人）	技术合同成交额（亿元）	专利授权数（项）	专利申请数（项）
北京市									
2009	126.31	5.45	668.60	5.50	275	130687	1236.20	23000	50000
2010	178.92	6.58	821.80	5.82	281	138688	1579.54	33511	57296
2011	183.07	5.64	936.60	5.76	280	146738	1890.28	40888	77955
2012	199.94	5.43	1063.40	5.95	288	156753	2458.50	50511	92305
2013	234.67	5.62	1185.00	6.08	287	163135	2851.72	62671	123336
2014	282.71	6.25	1268.80	5.95	299	168993	3137.19	74661	138111
2015	287.80	5.02	1384.00	6.01	296	170563	3452.60	94031	156312
2016	285.78	4.46	1484.60	5.96	303	167138	3940.80	100578	189129
2017	361.76	5.30	1579.70	5.64	391	170666	4486.89	106948	185928
2018	311.80	4.18	1870.80	6.17	395	172768	—	—	—
天津市									
2009	34.00	3.02	123.84	1.65	267	17088	106.15	7216	19187
2010	43.25	3.14	360.50	2.80	254	20790	119.34	11006	25973

续表

年份	财政科技支出额（亿元）	占地方财政一般预算支出的比重（%）	研发经费（亿元）	研发经费占生产总值的比重（%）	科技活动机构（个）	从事科技活动人员数（人）	技术合同成交额（亿元）	专利授权数（项）	专利申请数（项）
2011	60. 17	3. 35	297. 80	2. 63	258	23227	169. 38	13982	38489
2012	76. 45	3. 57	255. 87	1. 98	261	25555	232. 33	19782	41009
2013	92. 81	3. 64	428. 10	2. 98	254	26966	276. 16	24856	60915
2014	108. 99	3. 78	464. 70	2. 96	257	27240	388. 56	26351	63422
2015	120. 82	3. 74	510. 20	3. 08	273	36282	418. 35	37342	79963
2016	125. 18	3. 38	537. 30	3. 00	263	30015	435. 70	39734	106514
2017	115. 99	3. 53	458. 70	2. 47	257	31494	551. 44	41675	86996
2018	—	—	492. 40	2. 62	—	—	—	—	—
河北省									
2009	26. 43	1. 13	134. 84	0. 78	74	15423	17. 20	6839	11362
2010	29. 65	1. 05	155. 45	0. 76	75	15935	19. 29	10061	12295
2011	33. 22	0. 94	201. 30	0. 82	75	17095	26. 25	11119	17595
2012	44. 74	1. 10	245. 80	0. 92	76	18121	37. 82	15315	23241
2013	49. 76	1. 13	281. 90	1. 00	76	19569	31. 56	18186	27619
2014	51. 32	1. 10	313. 10	1. 06	77	20347	29. 22	20132	30000
2015	45. 50	0. 81	350. 90	1. 18	79	21605	39. 54	30130	44060
2016	73. 18	1. 21	383. 40	1. 20	80	22900	59. 00	31826	54838
2017	69. 08	1. 04	452. 00	1. 33	80	20921	88. 92	35348	61288
2018	—	—	492. 40	2. 60	—	—	—	—	—

投入情况：如表 9 -7 所示，北京市研发经费投入数量较大，呈增长趋势；研发经费占生产总值的比重基本维持在 6% 左右；科技活动机构数量多，呈增长趋势。2009—2018 年，天津市科技机构数量、科技机构从事科技活动的人员呈增长趋势，虽然 2013 年科技机构有所减少，但是科技人员一直增多。财政科技支出额由 2009 年的 34 亿元增长到 2017 年的 116 亿元，增长了 2. 5 倍，财政科技支出占地方财政一般预算支出的比重也不断增长。与此同时，研发经费也增长到了 3 倍，研发经费占生产总值的比重总体上有所提高，并于 2015

年突破了3%。河北省科技机构和科技人员数量呈增长趋势，特别是科技人员增加了5000多人。总体来看，财政科技支出额增长迅速，占地方财政一般预算支出的比重平均为8.6%。研发经费一直呈增长趋势，2018年比2009年增长了2.7倍，占生产总值的比重增长了2.15%。

产出情况：从表9－7中可知，北京市2009—2017年技术市场成交额、专利授权数、专利申请数呈增长趋势。2009—2017年9年中，专利申请数增长了3.6倍，专利授权数增长了2.7倍，技术合同成交额超过了4400亿元。天津市2009—2017年技术合同成交额、专利授权数、专利申请数总体呈增长趋势，技术合同成交额增长了4.2倍，专利授权数增长了4.8倍，专利申请数增长了3.5倍，增速全部高于北京市。河北省3项科技产出全部呈增长趋势，特别是专利申请数和专利授权数，专利授权数在2009—2017年，年均增加3300项，专利申请数增长了439%，增长速度较快。

乌大张与京津冀的科技投入产出指标见表9－8、表9－9。

表9－8　乌大张2009—2016年科技投入产出总量

财政科技支出额（亿元）	研发经费（亿元）	科技活动机构（个）	从事科技活动人员数（人）	技术合同成交额（万元）	专利授权数（项）	专利申请数（项）
12.25	68.60	95	3505	5395.00	9060	9286

表9－9　京津冀2009—2016年科技投入产出总量

财政科技支出额（亿元）	研发经费（亿元）	科技活动机构（个）	从事科技活动人员数（人）	技术合同成交额（亿元）	专利授权数（项）	专利申请数（项）
760.99	13092.00	4398	213613	22854.14	732168	1379574

根据表9－8和表9－9的统计分析，从整体上来看，京津冀科技发展基础好，创新能力强。京津冀和蒙晋冀地区科技知识成果数量都呈现不断递增的趋势，科技创新能力都在不断提高。但是蒙晋冀与京津冀合作区无论是在科技投入方面还是科技产出方面都有明显差距。

（3）区域合作视角下的高新技术企业协同创新实证研究。

高新技术企业作为科技创新活动的重要主体，是推动经济社会发展方式转变、促进产业转型升级的重要核心力量。高新技术企业协同创新系统，也是有效提升区域科技创新水平的重要组织环节。基于乌大张长城金三角合作区一体化发展的政策背景，以蒙晋冀高新技术企业为例，通过对蒙晋冀高新技术企业科技资源系统协同度以及子系统有序度进行准确测度，并对实证结果进行分析，提出提升蒙晋冀高新技术企业科技资源协同创新的对策建议。

关于高新技术企业创新系统与协同度，国内外学者作过相关研究，国外学者雷德斯多福（Leydesdorff）等将产业创新系统分解为制度、企业、技术等要素，并分析了各要素对产业系统的作用机制。张方等将资源型企业技术创新系统划分为环境、合作和内部 3 个子系统，依据协同学理论构建了一个模型对其协同度进行评价；兰卫国等建立多元化协同度测度模型，以美的企业为例，实证分析了美的企业多元化静态协同与动态协同的发展情况。

众多学者们对高新技术企业系统协同度做了相关研究，推动了相关理论与实践的发展。蒙晋冀高新技术企业科技资源系统协同度及子系统的有序度大小如何？各子系统的有序度对创新系统协同度有何影响？找准并有效解决这些问题，对提升蒙晋冀高新技术企业协同创新水平起着不可或缺的作用。为此，本研究运用复合系统协同度模型进行测度，依此提出对策建议，以期提升蒙晋冀复合创新系统的协同水平。

高新技术企业在我国几个相关部门联合颁布的《高新技术企业认定管理办法》中已有明确的定义，即公司必须在中国境内注册最低一年（港澳台地区的除外）；公司必须有一定的研发能力，能不断地进行新技术的研发，并且能将公司已有的技术成果转化为实际的经济效益；必须拥有自主的知识产权，并且能以该知识产权为基础来开展公司日常的经营管理；企业所拥有的高新技术必须包括在国家重点支持的范畴之内。

高新技术企业是高新技术产业的载体，决定着高新技术产业的发展，同时也在很大的程度上影响着一个国家或者地区的经济发展状况。在促进产业结构优化的同时，高新技术企业已经成为影响经济增长的战略性因素，并且是国际竞争力和实力的体现。

高新技术企业的资源投入主要包括科技投入、人力资本、研发费用。其中，科技投入是体现区域科技创新实力的重要因素，是进行技术创新的基础。科技投入在一定范围内有效保证了企业的发展，是创新主体进行创新活动的必要物质基础和有力保障。依托此概念，结合实际调研对象的特点，本研究把科技投入指标设定为企业经费支出、财政科技支出额、占地方财政一般预算支出比重以及高新技术企业数量。人力资本是企业不可或缺的资源，企业人力资本通过在企业内参加劳动生产和管理决策活动创造价值，企业的绩效能够通过人力资本得到提升，企业的核心竞争力也会随着人力资本实力的增强而增强。结合前述的调研对象特点，把人力资本设定为高新技术产业从业人员平均数、从事科技人员数。研发经费是指企业在研究和开发阶段所产生费用的总和，在研究高新技术企业科技资源投入状况时，主要选取研发活动人员折合全时当量、研发经费以及研发经费占生产总值比重三个指标。

高新技术企业资源产出可以分为知识产出和经济产出。这从一定层面上表明了企业的研发投入是否有价值，是否可以为企业的成长提供有利的条件，分析结果是否达到组织的预期值，组织的产出是否满足经济需求。结合实证研究对象的特点，把高新技术企业资源产出指标设定为高新技术产业主营业务收入、高新技术产业出口交货值、专利授权数、专利申请数、技术合同成交额。

① 内蒙古自治区高新技术企业投入与产出分析（见表9－10、表9－11）。

表9－10　内蒙古自治区2011—2018年高新技术企业投入

年份	企业经费支出（亿元）	高新技术产业从业人员年平均数（人）	研发活动人员折合全时当量（人/年）	财政科技支出额（亿元）	财政科技支出额占地方财政一般预算支出的比重（%）	研发经费（亿元）	研发经费占生产总值的比重（%）	从事科技活动人员数（人）	高新技术企业数量（家）
2011	70.20	31145	17645	28.21	0.94	85.17	0.59	8227	98
2012	85.90	30896	21509	27.61	0.81	101.40	0.64	9213	97
2013	100.00	32651	26990	31.64	0.86	117.20	0.70	9145	100
2014	108.00	30947	27068	32.87	0.85	122.10	0.69	8679	158

续表

年份	企业经费支出（亿元）	高新技术产业从业人员年平均数（人）	研发活动人员折合全时当量（人/年）	财政科技支出额（亿元）	财政科技支出额占地方财政一般预算支出的比重（%）	研发经费（亿元）	研发经费占生产总值的比重（%）	从事科技活动人员数（人）	高新技术企业数量（家）
2015	118.60	39127	29190	35.72	0.84	136.10	0.76	9002	237
2016	128.00	41563	30126	32.38	0.72	147.50	0.79	9597	352
2017	108.30	41482	23243	33.67	0.74	132.30	0.82	9551	532
2018	103.40	41338	24031	26.05	0.54	129.20	0.75	9422	753

数据来源：内蒙古自治区统计年鉴；国家统计局；内蒙古国民经济和社会发展统计公报；中国高新技术产业统计年鉴；中国科技统计年鉴；中国人民银行官网。

2011—2018 年，内蒙古自治区高新技术企业经费支出额、财政科技支出额、研发经费内以及内蒙古自治区高新技术企业数量基本处于持续增加的状态；从其 2011—2018 年科技人力投入状况来看，研发人员折合全时当量以及从事科技活动人员数量整体上上升，但较为不稳定。

表 9—11　内蒙古自治区 2011—2018 年高新技术企业产出

年份	高新技术产业主营业务收入（亿元）	高新技术产业出口交货值（亿元）	专利授权数（项）	专利申请数（项）	技术合同成交额（亿元）
2011	312.20	6.50	2262	3841	22.67
2012	273.10	6.90	3084	4732	30.15
2013	344.80	11.20	3836	6388	38.74
2014	353.40	14.10	4031	6358	14.94
2015	394.30	10.50	5522	8876	15.39
2016	406.90	19.10	5846	10672	12.05
2017	404.80	18.30	6271	11701	19.61
2018	404.40	18.10	9625	16426	22.30

数据来源：内蒙古自治区统计年鉴；国家统计局；内蒙古国民经济和社会发展统计公报；中国高新技术产业统计年鉴；中国科技统计年鉴；中国人民银行官网。

2011—2018 年，内蒙古自治区高新技术产业主营业务收入、高新技术产业出口交货值以及技术合同成交额都呈上升趋势且较为平稳；国内专利申请数和授权数增速较快，2011 年到 2018 年增长了近 3 倍。

② 山西省高新技术企业投入与产出分析（见表 9－12、表 9－13）。

表 9－12　山西省 2011—2018 年高新技术企业投入

年份	企业经费支出（亿元）	高新技术产业从业人员年平均数（人）	研发活动人员折合全时当量（人/年）	财政科技支出额（亿元）	财政科技支出额占地方财政一般预算支出的比重（%）	研发经费（亿元）	研发经费占生产总值的比重（%）	从事科技活动人员数（人）	高新技术企业数量（家）
2011	93.50	121814	32476	27.17	1.15	113.40	1.01	16927	248
2012	111.30	147733	31542	33.32	1.21	132.30	1.09	16876	290
2013	127.80	142061	34024	62.06	2.05	155.00	1.23	16512	370
2014	128.80	138667	35775	52.26	1.70	152.20	1.19	15913	520
2015	105.10	134288	28927	37.47	1.09	132.50	1.04	16208	720
2016	106.80	140679	29450	34.56	1.01	132.60	1.03	16479	930
2017	124.30	140142	31757	50.25	1.34	148.20	0.95	15991	1117
2018	145.20	140034	32305	67.24	1.57	175.80	1.05	16045	1630

数据来源：山西省人民政府统计公报；国家统计局；山西省国民经济和社会发展统计公报；山西省科技统计年报告；山西省统计年鉴；全国科技经费投入统计公报；中国高科技产业统计年鉴；中国科技统计年鉴；中国人民银行官网。

2011—2013 年，山西省财政科技经费投入上升，但是在 2014—2016 年又呈现下降趋势，之后又有所上升。企业经费支出和研发经费呈波动上升状态，整体在不断上升；科技活动人员数量相对平稳但仍有所波动；山西省高新技术企业数量呈不断上升趋势，增长了近 7 倍。

表 9－13　山西省 2011—2018 年高新技术企业产出

年份	高新技术产业主营业务收入（亿元）	高新技术产业出口交货值（亿元）	专利授权数（项）	专利申请数（项）	技术合同成交额（亿元）
2011	302.40	78.50	4974	12769	22.48
2012	621.50	297.60	7196	16786	30.61
2013	707.80	388.50	8565	18859	52.77
2014	793.60	437.90	8371	15687	48.46
2015	864.70	449.50	10020	14948	51.20
2016	997.40	619.50	10062	20031	42.56
2017	982.30	602.00	11311	20697	94.15
2018	979.30	598.50	15060	27106	84.85

数据来源：山西省人民政府统计公报；国家统计局；山西省国民经济和社会发展统计公报；山西省科技统计年报告；山西省统计年鉴；全国科技经费投入统计公报；中国高科技产业统计年鉴；中国科技统计年鉴；中国人民银行官网。

2011—2018 年，山西省高新技术产业主营业务收入以及技术合同成交额总体呈上升趋势；高新技术产业出口交货值总体呈波动上升；国内有效专利数呈不断上升的趋势，从 2011 年到 2018 年增长了近 2 倍。

③ 河北省高新技术企业的投入与产出分析（见表 9－14、表 9－15）。

表 9－14　河北省 2011—2018 年高新技术企业投入

年份	企业经费支出（亿元）	高新技术产业从业人员年平均数（人）	研发活动人员折合全时当量（人/年）	财政科技支出额（亿元）	财政科技支出额占地方财政一般预算支出的比重（%）	研发经费（亿元）	研发经费占生产总值的比重（%）	从事科技活动人员数（人）	高新技术企业数量（家）
2011	158.62	181494	51498	33.22	0.94	201.30	0.82	17095	685
2012	198.09	182291	55979	44.74	1.10	245.80	0.92	18121	825
2013	232.74	197432	65049	49.76	1.13	281.90	1.00	19569	1069
2014	260.67	198644	75142	51.32	1.10	313.10	1.06	20347	1526
2015	285.81	213006	79452	45.50	0.81	350.90	1.18	21605	1315
2016	308.66	208689	82971	73.18	1.21	383.40	1.20	22900	2095

续表

年份	企业经费支出（亿元）	高新技术产业从业人员年平均数（人）	研发活动人员折合全时当量（人/年）	财政科技支出额（亿元）	财政科技支出额占地方财政一般预算支出的比重（%）	研发经费（亿元）	研发经费占生产总值的比重（%）	从事科技活动人员数（人）	高新技术企业数量（家）
2017	350.97	208816	79135	69.08	1.04	452.00	1.33	20921	3174
2018	382.00	208842	78650	77.04	1.00	499.70	1.39	20844	5097

数据来源：河北省统计局统计公报；国家统计局；河北省国民经济和社会发展统计公报；河北省科技统计年鉴；全国科技经费投入统计公报；中国高科技产业统计年鉴；中国科技统计年鉴；中国人民银行官网。

2011—2018 年，河北省企业经费支出、财政科技支出额不断上升，研发经费总体呈上升趋势，高新技术产业从业人员平均人数、科技人员数量以及研发活动人员折合全时当量总体上都呈上升趋势；河北省高新技术企业数量呈不断上升状态。

表 9－15　河北省 2011—2018 年高新技术企业产出

年份	高新技术产业主营业务收入（亿元）	高新技术产业出口交货值（亿元）	专利授权数（项）	专利申请数（项）	技术合同成交额（亿元）
2011	1041.40	157.40	11119	17595	26.25
2012	1204.50	166.90	15315	23241	37.82
2013	1381.00	150.50	18186	27619	31.56
2014	1508.70	145.70	20132	30000	29.22
2015	1705.90	166.60	30130	44060	39.54
2016	1836.10	191.30	31826	54838	59.00
2017	1818.50	188.40	35348	61288	88.92
2018	1815.00	181.70	51894	83785	67.97

数据来源：河北省统计局统计公报；国家统计局；河北省国民经济和社会发展统计公报；河北省科技统计年鉴；全国科技经费投入统计公报；中国高科技产业统计年鉴；中国科技统计年鉴；中国人民银行官网。

从2011—2018年河北省高新技术企业产出来看，高新技术产业利润以及产业出口交货值呈波动式上升；国内专利申请数和授权数呈不断上升趋势，增长了近4倍；技术合同成交额在2016年和2017年增长较快。

综上，蒙晋冀高新技术企业资源投入与产出情况见表9－16。

表9－16　蒙晋冀科技资源投入与产出

年份	企业经费支出（亿元）	高新技术产业从业人员年平均数（人）	研发活动人员折合全时当量（人/年）	财政科技支出额（亿元）	财政科技支出额占地方财政一般预算支出的比重（%）	研发经费（亿元）	研发经费占生产总值的比重（%）	从事科技活动人员数量（人）	高新技术企业数量（家）	高新技术产业主营业务收入（亿元）	高新技术产业出口交货值（亿元）	专利授权数（项）	专利申请数（项）	技术合同成交额（亿元）
蒙（内蒙古自治区）														
2011	70.2	31145	17645	28.2	0.94	85.2	0.6	8227	98	312.2	6.5	2262	3841	22.7
2012	85.9	30896	21509	27.6	0.81	101.4	0.6	9213	97	273.1	6.9	3084	4732	30.2
2013	100.0	32651	26990	31.6	0.86	117.2	0.7	9145	100	344.8	11.2	3836	6388	38.7
2014	108.0	30947	27068	32.9	0.85	122.1	0.7	8679	158	353.4	14.1	4031	6358	14.9
2015	118.6	39127	29190	35.7	0.84	136.1	0.8	9002	237	394.3	10.5	5522	8876	15.4
2016	128.0	41563	30126	32.4	0.72	147.5	0.8	9597	352	406.9	19.1	5846	10672	12.1
2017	108.3	41482	23243	33.7	0.74	132.3	0.8	9551	532	404.8	18.3	6271	11701	19.6
2018	103.4	41338	24031	26.1	0.54	129.2	0.8	9422	753	404.4	18.1	9625	16426	22.3
晋（山西省）														
2011	93.5	121814	32476	27.2	1.2	113.4	1.01	16927	248	302.4	78.5	4974	12769	22.5
2012	111.3	147733	31542	33.3	1.2	132.3	1.1	16876	290	621.5	297.6	7196	16786	30.6
2013	127.8	142061	34024	62.1	2.1	155.0	1.2	16512	370	707.8	388.5	8565	18859	52.8
2014	128.8	138667	35775	52.3	1.7	152.2	1.2	15913	520	793.6	437.9	8371	15687	48.5
2015	105.1	134288	28927	37.5	1.1	132.5	1.0	16208	720	864.7	449.5	10020	14948	51.2
2016	106.8	140679	29450	34.6	1.0	132.6	1.0	16479	930	997.4	619.5	10062	20031	42.6
2017	124.3	140142	31757	50.3	1.3	148.2	1.0	15991	1117	982.3	602.0	11311	20697	94.2
2018	145.2	140034	32305	67.2	1.6	175.8	1.1	16045	1630	979.3	598.5	15060	27106	84.9

续表

年份	企业经费支出（亿元）	高新技术产业从业人员年平均数（人）	研发活动人员折合全时当量（人/年）	财政科技支出额（亿元）	财政科技支出额占地方财政一般预算支出的比重（%）	研发经费（亿元）	研发经费占生产总值的比重（%）	从事科技活动人员数量（人）	高新技术企业数量（家）	高新技术产业主营业务收入（亿元）	高新技术产业出口交货值（亿元）	专利授权数（项）	专利申请数（项）	技术合同成交额（亿元）
冀（河北省）														
2011	158.6	181494	51498	33.2	0.9	201.3	0.8	17095	685	1041.4	157.4	11119	17595	26.3
2012	198.1	182291	55979	44.7	1.1	245.8	0.9	18121	825	1204.5	166.9	15315	23241	37.8
2013	232.7	197432	65049	49.8	1.1	281.9	1.0	19569	1069	1381.0	150.5	18186	27619	31.6
2014	260.7	198644	75142	51.3	1.1	313.1	1.1	20347	1526	1508.7	145.7	20132	30000	29.2
2015	285.8	213006	79452	45.5	0.8	350.9	1.2	21605	1315	1705.9	166.6	30130	44060	39.5
2016	308.7	208689	82971	73.2	1.2	383.4	1.2	22900	2095	1836.1	191.3	31826	54838	59.0
2017	351.0	208816	79135	69.1	1.0	452.0	1.3	20921	3174	1818.5	188.4	35348	61288	88.9
2018	382.0	208842	78650	77.0	1.0	499.7	1.4	20844	5097	1815.0	181.7	51894	83785	68.0

在进行系统协同度分析时，我们把蒙晋冀区域整体作为一个复合系统 R，把蒙、晋、冀分别设定为该复合系统的子系统 R^1、R^2、R^3，则复合系统可以抽象为 $R=f(R^1，R^2，R^3)$。收集三省的面板数据，对应子系统 R^A 的 m 个样本，n 个指标，则 Y_{ij}^1为子系统 R^A 第 i 个样本的第 j 个指标的数值（$i=1，\cdots，m；j=1，\cdots，n$），设子系统 R^1 在发展过程中的序参量为$R^A{}_{ij}=(R^A{}_{i1}，R^A{}_{i2}，\cdots，R^A{}_{in})$（$i=1，\cdots，m$）。

在运用熵权统计法计算各个序参量熵权值之前，要对各个不同计量单位的指标进行标准化处理，使各项指标具备可比性，处理过程描述如下。

正向指标：

$$\hat{R}_{ij}^{A}=\frac{R_{ij}^{A}-\min\{R_{1j}^{A},\cdots,R_{nj}^{A}\}}{\max\{R_{1j}^{A},\cdots,R_{mj}^{A}\}-\min\{R_{1j}^{A},\cdots,R_{mj}^{A}\}}$$

负向指标：

$$\hat{R}_{ij}^{A} = \frac{\max\{R_{1j}^{A},\cdots,R_{mj}^{A}\} - R_{ij}^{A}}{\max\{R_{1j}^{A},\cdots,R_{mj}^{A}\} - \min\{R_{1j}^{A},\cdots,R_{mj}^{A}\}}$$

为了方便，下文中我们仍用 R_{ij}^{1}来代表$\hat{R}_{ij}^{1}$表示标准化后的数据。

求序参量的熵。子系统 R^{A}（$R=1$，2，3）的某个序参量的熵值为

$$e_j^{A} = -\frac{1}{\ln(n)}\sum_{i=1}^{m} p_{ij}\ln(p_{ij}), i = 1,\cdots,m; j = 1,\cdots,n$$

其中 $p_{ij} = \frac{y_{ij}^{A}}{\sum_{i=1}^{m} y_{ij}^{A}}$ 若 $p_{ij}=0$，则令 $p_{ij}\ln(p_{ij}) = 0$。

子系统 $R^{A}(A = 1,2,3)$ 的某个序参量的熵权为

$$w_j^{A} = \frac{1 - e_j^{A}}{\sum_{j=1}^{n}(1 - e_j^{A})}, j = 1,\cdots,n$$

其中，$0 \leqslant w_j^{A} \leqslant 1, \sum_{j=1}^{n} w_j^{A} = 1$

子系统 $R^{A}(A = 1,2,3)$ 的有序度用 $\delta_i(R^{A})$ 来表示，计算过程为

$$\delta_i(R^{A}) = \sum_{j=1}^{n} w_j^{A} k_{ij}^{A}, i = 1,\cdots,m; j = 1,\cdots,n$$

复合系统协同度模型。蒙晋冀各子系统相互之间的协同度为

$$\mu = \prod_{l=1}^{3}\lambda^{\backprime}, \text{且}$$

$$\lambda = \begin{cases} 1, & \delta^{1}(R^{A}) \geqslant \delta^{0}(R^{A}) \\ -1, & \delta^{1}(R^{A}) < \delta^{0}(R^{A}) \end{cases}$$

蒙晋冀构成的复合系统协同度为

$$\mu = \prod_{l=1}^{3}\lambda^{\backprime}, \text{且}$$

$$\lambda = \begin{cases} 1, & \delta^{1}(R^{A}) \geqslant \delta^{0}(R^{A}) \\ -1, & \delta^{1}(R^{A}) < \delta^{0}(R^{A}) \end{cases}$$

其中 0、1 分别表示基期和报告期，$\delta^{0}(R^{1})$ 表示相应子系统基期的有序度、$\delta^{1}(R^{1})$ 表示相应子系统报告期的有序度。μ 取值在 -1 到 1 之间，代表复

合系统协同度，取值越大，系统的协同程度就越高。

如前所述，考虑数据的可得性，选取企业经费支出、高新技术产业从业人员年平均数、研发活动人员折合全时当量、财政科技支出额、财政科技支出额占地方财政一般预算支出的比重、研发经费、研发经费占生产总值的比重、从事科技活动人员数量、高新技术企业数量、高新技术产业主营业务收入、高新技术产业出口交货值、专利授权数、专利申请数、技术合同成交额这15项数据，运用复合系统协同度模型进行实证分析。

蒙晋冀高新技术企业协同创新子系统有序度。一般来说，子系统有序度取值越大，系统内部各组织之间运行越有序。常规的四分法对有序度的划分依据为：有序度大于等于0.75时，子系统高度有序；0.5≤有序度<0.75，系统较为有序；0.25≤有序度<0.5，系统基本有序；有序度小于0.25时，系统无序。

由2011—2018年内蒙古自治区、山西省、河北省三省区的高新技术企业子系统有序度图表可知：内蒙古自治区在2011—2012年，高新技术企业子系统处于无序状态，2013—2014年为基本有序，此后，子系统有序度持续上升，并于2018年达到高度有序状态；山西省在2011—2018年，大部分年间处于有序和基本有序状态，并于2013年、2015年和2018年出现较大反复；河北省在2013—2015年处于子系统基本有序状态，2016—2018年，有序度稳步上升，并于2018年达到有序度峰值0.89。

通过对蒙晋冀的高新技术企业子系统有序度进行图表分析，进一步掌握蒙晋冀高新技术企业的协同发展状况：河北省高新技术企业子系统最为稳定；内蒙古自治区的高新技术企业子系统稳定性次之，山西省高新技术企业子系统稳定性与其他两省相比较差，并出现了较大反复。结合前述，对内蒙古自治区、山西省、河北省的高新技术企业资源投入与产出状况分析可知，蒙晋冀各子系统不同的原因在于：河北省对高新企业的投入持续稳定的增加，山西省对高新企业的投入相对不稳定。

分别以相同基期和相邻基期对2012—2018年的蒙晋冀高新技术企业子系统相互之间的协同度做实证研究，分别作出相同基期和相邻基期蒙晋冀高新技术企业投入产出协同度。

2012—2018年，蒙晋冀高新技术企业复合协同度状况相对接近，但存在一定差异性。在长城金三角合作区协同发展一体化政策下，蒙晋冀科技资源投入－产出协同度呈现一定的波动，但总体来看，区域科技资源投入－产出系统相同基期复合协同度越来越高，且平均复合协同度在（0.14，0.7）内，属于一般协同水平；相邻基期协同度不高，说明在高新技术企业协同发展过程中某些子系统存在短板。

企业层面，统筹各子系统的协同创新，使科技投入更具合理性。一方面，高新技术企业的资源投入对于企业经营绩效有正相关性，因此应该增加企业的科技投入来增加企业的营业收入增长率。高新技术企业属于知识和技术密集型企业，知识创新能力的提升有利于提高环境适应及行业需求。高新技术企业的科技投入促进了企业快速而稳定的发展，创新能力的提升及新技术的研发促进了企业内部产业结构的优化、形成全国范围内的高新技术产业园区。相比我国东部沿海地区，蒙晋冀的高新技术企业还有很大的差距，高新技术企业资源投入力度的参差不齐在一定方面限制了高新技术各产业的发展。另一方面，高新技术企业的资源投入对于经营绩效的盈利能力及发展能力的促进作用不是全面的，表明科技投入的有效使用存在着一定的缺陷。因此，高新技术企业要合理地进行资源投入，以提升经营绩效。

科技投入要注重投入规模的适度，避免科技投入力度过大造成企业的经济负担。企业的科技投入一般不会在短时间内实现经济效益，而且初期会占用企业的资金，对企业的其他发展产生滞后影响，而一旦研发失败，这种投入只会变成成本和费用。这在一定程度上会使企业的债务危机和经营风险大大增加。为了尽量避免以上问题的出现，一方面，企业需要对下一年度企业研发投入进行合理的安排，通过合理的支出和盈利预算，保持正确的研发投入力度和规模，以使研发活动尽可能地带来经济收益，避免过度的研发规模带来的费用和成本的浪费。另一方面，要加大对高新技术企业科技投入的管理力度，合理安排科技投入的阶段，对于每一阶段的科技投入价值都要了解，同时也要使企业科技投入的管理有效，使得企业科技投入中的人力、物力都能得到有效的利用，以提高科技投入研发活动成功的可能性。

积极促进企业之间的合作研究，提高研发创新效率与水平。蒙晋冀高新技术企业的自主创新研发能力提升离不开企业外部的帮助。企业之间进行的科技投入合作研发将会有效地利用各企业的资源优势，从而合理地缩减成本并有效利用人力及物力资源。合作研发包括与其他高新技术企业之间及研究机构之间进行创新合作。合作研发是提高研发资源利用效率、缩短研发周期、实现资源共享、降低企业研发风险的重要途径。有效的合作研发最终可以提高整个企业的研发效率及水平。

政府层面，建立多元化科技投入体系。首先，通过政府资金引导企业、事业单位、个人等社会资金对研发和技术转移的投资。以政府科技资金投入为引导，鼓励企业、科学协会、个人等多元化的社会资本投资研发和技术转移，平衡高校研发中政府、市场和非营利组织三方资本比例。其次，构建良好的科技金融服务体系。大力发展创业投资引导基金，依托省属国有金融机构，发挥政府基金的引导和杠杆作用，联合实力强、信誉好、影响大的品牌创投机构，建立“信息互动、资源共享、项目联投”的创投联盟。通过股权投资、贷款贴息、融资担保、风险补偿、项目后补助等市场化运作机制，加强科技金融服务，拓宽人才创业融资渠道，支持人才创业项目，加快科研成果转化。

完善科技市场服务体系。首先，鼓励发展科技服务业。加快建设各类科技中介服务机构，积极引进科技成果评估、知识产权交易、科技咨询、法律咨询、投融资对接、创业辅导等服务机构，引导其发挥信息沟通、技术评估、政策咨询、知识产权服务、孵化育成等作用，促进创新创业，提高服务水平。其次，建立健全孵化育成体系。依托高校、科研机构、大型企业、投资机构、社会组织等打造不同的孵化育成服务链，建设一批以科技成果转移转化为主要内容的专业化众创空间，为人才创新创业提供团队孵化—企业孵化—产业孵化的全链条服务，孵化培育一批科技型中小微企业。

打造最优科技创新环境。首先，完善落实创新创业政策法规。推进相关政策的实施。推进企业研发准备金制度、技术入股、科技成果自主处置权和收益分配改革，加快人才立法，以制度保障激发全社会创新创业活力。其次，构筑区域协同创新共同体，加强资源整合、优势互补，广泛开展创新交流与合作。鼓励蒙晋冀高校、科研院所、企业等联合培育新型研发机构、联合开展技术攻关、联合推动科研成果转化，推进实验室、孵化器及产学研仪器设备共建共享并积极倡导勇于创新、敢于创业的创新文化，树立崇尚创新创业致富的价值导向。

提高乌大张合作区科技投入产出效率的建议：

加大科技投入力度。一方面，发挥科技人才对科技发展的引领作用，大力引进科技人才，同时加强教育，依靠高校及科研院所，培育创新型人才；另一方面，继续加大科技资金的投入力度，特别是研究与发展经费，合理分配各项科技资金，支持建立科技研发机构、高等实验室等。

加强与周边地区的科技合作。要加强京津冀和乌兰察布市、大同市、张家口市的科技交流与合作，打破区域间的藩篱，营造有利于科技发展的环境。全面拓宽与周边地区的科技合作领域，促进乌大张地区科技的发展并带动周边地区共同进步。

加强科技成果的转化。产出是科技投入的目的。科技发展最终的目的是把科技资源转化为能促进发展生产力的要素。要完善科技成果转化平台，积极推动应用型项目的发展，促进科技成果的转化，使其成为发展生产力的一部分。

加强体制机制建设。科技发展不仅需要有形的人才、资金支持，无形的政策支持也至关重要。一方面，积极出台相关政策支持企业、高校建立研发机构，同时加强企业对技术的消化吸收，提高技术成果转化率，特别是要加强对科技人员、机构的激励机制建设；另一方面，加强对科技投入的监督机制建设。对科技投入进行监督，加强对科技项目的审查，使科技资金真正为科技服务，科技成果真正为经济社会发展服务。

科技资源优化配置是区域合作的重要内容，也是区域经济社会发展的重要动力。蒙晋冀（乌大张）长城金三角合作区，是国家层面的战略合作区，对其背景区域蒙晋冀的科技投入产出协同度进行分析，具有重要的意义。基于熵权法，以科技人力资源、科技财力资源相应要素为投入，以知识和经济效应相应要素为产出，得出的区域协同度分析结论，是合作区进行科技资源优化配置的重要依据，也是融入京津冀科技协同创新系统的重要参考。

9.1.3　各主体科技创新实证分析

要对科技投入与产出进行分析，首先要明确科技资源这一概念。广义上的科技资源概念包括一切可以为科技活动提供价值的资源，如科技人力资源、物力资源、财力资源及信息资源等；狭义上的科技资源专指物化和信息化的科技资源，包括科研用途的工具、信息及相关技术条件，也可理解为从事科技活动必需的工具和手段。

科技资源投入包括科技人力资源、科技财力资源、科技物力资源。科技资源产出包括科技资源知识产出和经济产出。其中知识产出主要为发表论文数、专利申请的数量、专利授权的数量；经济产出包括生产总值的增长率、技术市场成交额等。本书分别对乌大张三地以及三地总体的投入产出情况进行分析与比较，并提出了相应的对策建议。

（1）乌兰察布市。

① 科技人力资源的现状分析。

科技人力资源是科技资源的重要组成部分，科技人才在科技发展创新的过程中起着不可忽视的作用。具体来讲，科技人才包括三种人员。

近年来，乌兰察布市充分重视青年后备学科领军人才和学术带头人的培养，发展具有一定规模和实用技术研发、推广服务的法人科技特派员和科技特派员团队。以已有的101个星火培训基地为基础，通过校地合作的形式，培养科技发展及创新所需的技能型人才。

在科技人力资源方面，乌兰察布市通过积极举办市科技特派员培训会，旨在提高专业技能的同时吸引更多的高校人才及学者，使得科技人才的数量不断增加。乌兰察布市统计年鉴资料显示，截至2016年底，乌兰察布的专业技术人员总体呈上升趋势。截止2016年底高级工程师的数量增长到77名，比2010年相比增加了39名，并且，高级工程师的增长速度较工程师的增长速度快，增长达34%，发展态势较好。

工程师的数量变化总体呈直线上升的趋势，2016年底已达到122人，从2013年起，工程师的人员数量在逐年递增。乌兰察布市对专业技术人员的培养也越来越重视。

另外，由于研发活动是科技活动的重要组成部分，从事研发活动的人员就成为科技活动的重要力量。研发活动是指为增加人类知识的总量，以及运用这些知识去创造新的应用而进行的系统的、创造性的工作。在单位的科技活动中，研发人员成为科研的主力军，通过研发活动取得科研成果，并转化为生产力。若没有研发成果，科技产品就没有后发优势，就不能占领市场。在整个科技活动过程中，研发人员至关重要，其数量、素质及行业结构分布将直接决定科技活动的成败，最终影响国民经济的运行。

在科技创新能力方面，科技成果的数量以及实用性是衡量科技人才创新能力的重要方式。乌兰察布科技局官网数据显示，2016 年，乌兰察布市全年推荐申报国家或自治区科技项目 68 项，验收或中期检查科技项目 30 项，鉴定科技成果 17 项，登记科技成果 26 项。申请专利 298 件，授权专利 139 件。2017 年，乌兰察布市共申请专利 354 件，同比增长 18.79%，授权专利 175 件。2018 年上半年，乌兰察布市共申请专利 260 件，授权专利 170 件。具体见表 9－17显示：

表 9－17　乌兰察布市专利授权情况

时间	专利类型及申请/授权量（件）						总计		有效发明专利拥有量
	发明专利		实用新型		外观设计				
	申请量	授权量	申请量	授权量	申请量	授权量	申请	授权	
2016 年	45	10	226	97	27	32	298	139	46
2017 年	79	13	244	151	31	11	354	175	55
2018 年上半年	29	5	206	140	25	25	260	170	—

但是，2015—2017 年的科研成果统计数据显示，乌兰察布市应用技术成果的转化还处于初期阶段，专利申请量不及大同市、张家口市两市的 1/3，年增速相对大同市偏低，与大同市、张家口市专利申请量存在一定的差距（见图 9－1）。此外，就专利授权量来说，乌兰察布市虽然呈递增趋势，但专利授权量基数小，科学技术转化成果能力较低，科技创新能力有待提高，具体情况见图 9－2。

2018 年 6 月，内蒙古自治区科技厅公布了《内蒙古自治区科技厅关于 2018 年第二批入库科技型中小企业的公告》，83 家企业成为自治区 2018 年第二批入库的科技型中小企业。其中，乌兰察布市 13 家企业被认定为国家级科技型中小企业，并进入科技部科技型中小企业库。

乌兰察布市科学技术局官网显示，科技部火炬中心公布的 2018 年通过第

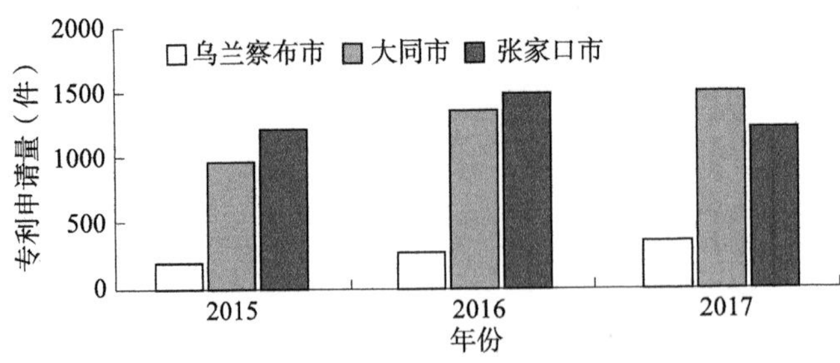

图 9－1　三市专利申请量对比

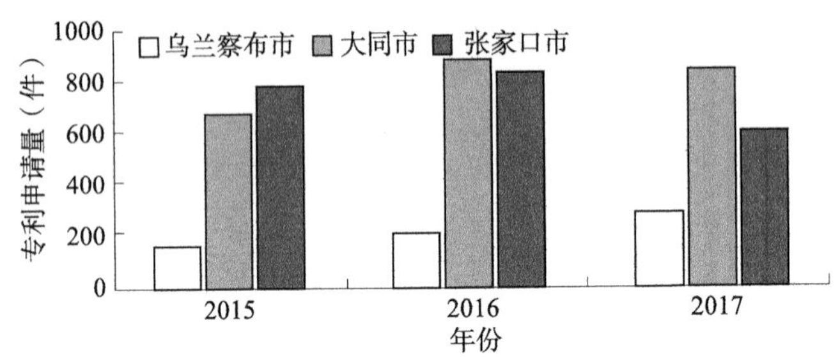

图 9－2　三市专利授权量对比

三批国家高新技术企业认定名单中，乌兰察布市内蒙古蒙维科技有限公司、内蒙古蒙集新碳材有限公司等 11 家企业榜上有名，加上第一批和第二批通过认定的 4 家企业，2018 年乌兰察布市新增国家高新技术企业 15 家，是往年新增量的 3 倍以上。至此，乌兰察布市有效期内国家高新技术企业达 27 家。

② 科技财力资源投入情况分析

根据乌兰察布市统计年鉴数据资料显示，乌兰察布市近 6 年的科技经费支出总体呈上升趋势，2012 年科技经费支出达 257 万元，2017 年科技经费支出达 1056 万元，6 年科技经费支出增加了 799 万元，增长速率达 60.85%。2016 年至 2017 年科技经费支出增长幅度最快，科技活动经费投入不断受到重视（见图 9－3）。虽然乌兰察布市 2017 年科技经费支出实现了质的飞跃，支出总额迅猛增长，但与张家口市相比，不足张家口市科技经费支出的一半，与大同市相比也存在不小的差距。

近年来，乌兰察布市充分利用丰富的农畜产品资源、水资源以及生物资源，发挥乌兰察布市“草原博物馆”的优势，一方面，在农牧业上进行试点

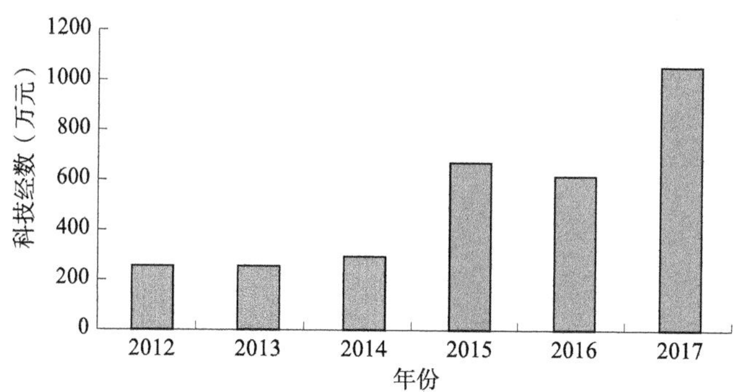

图 9－3　乌兰察布市科技经费支出变化

培育，成立农产品院士专家工作站，加强农牧业科技服务平台建设与人才培养，经费投入达 85 万元，占研究开发总经费的 85%；另一方面，紧跟大数据及互联网发展的潮流，投入 15 万元成立乌兰察布市电子商务创业孵化园，截至 2017 年底，电子商务交易达 6926 万元，同比增长 82.3%，实现了质的飞跃。应用研究项目详见表 9－18。

表 9－18　应用研究项目

序号	项目名称	项目类别	承担单位	经费投入（万元）
1	星创天地试点培育	应用研究	乌兰察布市国家农业科技园区管委会	15
2	燕麦栽培与品种繁育院士专家工作站	应用研究	乌兰察布市农牧业科学研究院	20
3	众创空间试点培育	应用研究	乌兰察布市电子商务创业孵化园	15
4	基层农牧业科技服务平台建设与人才培养	应用研究	乌兰察布市新技术开发服务中心	50
	合计			100

③ 科技基础设施现状分析。

设施已成为国家创新体系中不可替代的重要组成部分，加强科技基础设施建设是实现科技较快发展的关键一步，审视形势，重大科技基础设施在当今社会发展中扮演的角色尤为重要。

乌兰察布市科学技术局官网数据显示，乌兰察布市近几年积极建设国家级农业科技园区、自治区级农业科技产业园区、市级科技农业产业园区及产业特色化基地，充分调动各县参与到科技园区建设的积极性，将农业产业的优势发挥到最大，推进科技产业园建设，具体园区建设见表 9－19。

表 9－19　乌兰察布园区建设情况

平台载体类型	序号	平台载体名称	承担单位	认定时间
国家级农业科技园区	1	内蒙古乌兰察布国家农业科技园区	国家农业园区管委会	2013 年
自治区级农业科技园区	1	察右中旗农牧业科技园区	察右中旗腾飞农民专业合作社	2015 年
	2	兴和县农牧业科技园	兴和县田丰蔬菜农民专业合作社	2015 年
	3	商都县现代农牧业科技园区	商都县绿娃农业有限责任公司	2013 年
市级农业科技园区及特色产业化基地	1	凉城县海高牧业奶牛养殖科技示范园区	凉城县海高牧业养殖有限公司	2016 年
	2	察右前旗水源热泵智能温控系统特色科技产业化基地	乌兰察布市欣康源现代农业专业合作社	2016 年
	3	化德县三和良种猪繁育基地	化德县兴农养猪农民专业合作社	2016 年
	4	商都县现代蔬菜科技园区	商都县天每蔬菜专业合作社	2015 年

此外，乌兰察布市成立了国家重点实验室，投资引进了重大科学装置，为科技研究及人才培养提供了良好的条件，科技基础设施建设不断完善（见表 9－20）。但是乌兰察布 2016—2017 年工程技术研究中心和重点实验室建设数量远不及张家口市和大同市，所以应加大基础设施建设力度，借鉴两市科技发展的经验，学习两市科技基础设施建设的新思路，加快推动乌大张合作区建设（见表 9－21）。

表 9－20　国家重点实验室

平台载体类型	序号	平台载体名称	承担单位	认定时间
自治区级重点实验室	1	内蒙古自治区矿土土质改性及综合利用重点实验室	乌兰察布市集宁师范学院	2016 年
自治区可持续发展实验区	1	内蒙古自治区可持续发展	商都县人民政府	2007 年
	2	内蒙古自治区可持续发展	四子王旗人民政府	2013 年
	3	内蒙古自治区可持续发展	察右后旗人民政府	2015 年

表 9-21　三市 2016—2017 年工程技术研究中心和重点实验室建设对比

地区	2016 年		2017 年	
	省级	市级	省级	市级
乌兰察布市	1	2	1	3
大同市	7	1	7	0
张家口市	8	11	2	5

高新技术产业的发展及科技园区的建设离不开数据基础，而经济科技正是依靠数据发展的领域，衡量地区及企业科技水平的高低归根结底是数据研发利用水平的高低。京津冀经济圈作为区域协作的典范，成立了大数据综合试验区，将北京大数据研究院等研究机构作为重要数据平台发展基地，通过建立京津冀政府数据资源目录体系，强化数据资源的统筹管理，推动区域协同发展。乌大张合作区在吸取京津冀经济圈协同发展经验的基础上重视数据服务平台的建设，各市不断合力开发大数据试点，为电子商务的发展及技术园区、重点实验室、科技研发中心的建设提供良好的平台。内蒙古大数据产业发展取得明显成效。据了解，目前已初步形成以呼和浩特市为中心，以包头、鄂尔多斯、赤峰、乌兰察布市为重点的数据中心基地发展格局，建成了中国电信、中国移动、中国联通，中科曙光、中兴能源、华为等一批大型数据中心。阿里巴巴、腾讯、百度、浪潮、京东等一批国内外知名互联网企业纷纷入驻。

2016 年乌兰察布市在全区科技工作会议上提出《促进大数据发展行动纲要》，2018 年为全面落实政府和社会合作开发利用大数据试点工作，在重视数据平台建设的基础上制定相关优惠政策以吸引优秀数据公司扎根乌兰察布市。

随着大数据和互联网的发展，计算机网络普及率不断提高。搞科研不仅仅局限于实体实验室或者依靠重大科学装置，网络也成为新一代研究载体。在新形势下，乌兰察布市不断优化网络科研环境，整治不良网络行为，加大网络科研装置投入，设立网络科研平台的准入门槛，在充分利用大数据及云计算的基础上为各类科技人员及学者提供良好的研究条件。

④ 自然科技资源概况分析。

乌兰察布市政府官网统计，有 80 万亩的生鲜种植地，其中马铃薯在北京的市场占有率为 70% 左右，现已成为北京地区蔬菜和马铃薯集中供应地。在

2018年由乌兰察布市和内蒙古自治区政府共同举办的赤峰中国农业科技产出展览会上，充分展示自身特色的农业科技成果，同时，展览会的主办方乌兰察布市和内蒙古自治区政府向各代表国和省市展示了生鲜瓜果的繁殖和培育技术，在宣传优势特色产品的基础上进一步扩大了特色产品的知名度和影响力，通过与农牧产业发达地区的交流合作不断推进自然科技资源的发展。

此外，乌兰察布市还积极建设自然科技资源平台，相继成立了马铃薯首席专家工作站和星创天地，通过科学研究将资源优势及技术优势结合起来，增强农产品特色产品的竞争优势，具体自然科技资源平台建设情况见表9－22。

表9－22　乌兰察布市自然科技资源平台

平台载体类型	序号	平台载体名称	承担单位	认定时间
首席专家工作站	1	乌兰察布市马铃薯首席专家工作站	乌兰察布市农牧业科学研究院	2016年
星创天地	1	薯都星创天地	内蒙古乌兰察布国家农业科技园区管委会	2016年
	2	恒利现代农业休闲观光星创天地	化德县恒利农业综合开发有限责任公司	2017年
	3	北方马铃薯种植与营销星创天地	内蒙古乌兰察布市察右后旗北方马铃薯批发市场有限责任公司	2017年

乌兰察布市科技资源配置中存在的问题：

① 科技创新意识薄弱。

大好河山河北张家口作为乌大张合作区的主体，充分发挥原材料、人力、地理等方面的优势，坚持“开放创新、全民创业、特色创优、富民强市”的发展总思路，依托京津冀科技创新协同发展的成功经验，全力发展“4＋3”现代产业，实现技术成果的商业化增值。大同作为山西省第二大城市，2014年度获省科学技术奖17项，其中科技进步二等奖7项、三等奖10项，科技创新能力不断提高。

与河北张家口和山西大同相比，乌兰察布市经济发展水平相对偏低，科技创新水平相对偏低。从企业的角度来讲，科技创新意识薄弱，企业大多以农产品加工及特色产品为主，发展模式较为单一，对科技创新还不够重视；从个人的角度来讲，创新型人才偏少。由于乌兰察布市高等院校的数量与两地相比存在一定差距，缺乏高精尖的科技研发人才，专利申请量和授权量较少，没有浓厚的学术氛围；从政府的角度来讲，对科技创新的投入力度较小，与大同市、张家口市的科技协同发展体系建设尚未成熟，协同创新体系建设存在政府机制不完善、现有发展模式较单一、地区间存在差异等问题，科技创新平台及数据云服务发展相对缓慢。

② 科技人才分布不均。

乌兰察布市科技人才在结构和行业分布上很不合理。为数不多的科研机构、高等院校吸引着大多数科技人才，而企业由于自身环境问题及科技创新奖励机制相对不够完善等问题，科技人才较缺乏，造成了企业的科技人才需求缺口，企业向高新技术产业转型以及与大同市、张家口市的科技合作受到一定的限制。内蒙古自治区人才资源空间分布报告资料显示，内蒙古自治区的科技人才分布主要集中在呼和浩特市、包头市和乌海市等地。这些地区拥有绝对的科技人才资源优势，乌兰察布市科技人力资源相对匮乏，人才市场的配置机制不完善，人才与市场需求出现严重脱节，供需出现矛盾。

③ 科技投入不足。

从科研投入方面来看，乌兰察布市科技局官网数据显示，截至 2017 年底，乌兰察布市规模以上工业企业共有企业技术中心或研究所 16 个，研究开发技术人员共计 3000 人，占社会总就业人数的 1.5%，其中，自有科研机构的企业在全行业企业数中占比 3.04%。就企业科技产出而言，乌兰察布市企业科技产品和服务类销售收入达 3 亿元以上，却仅达到了全部销售收入的 3.21%。

由乌兰察布市技术创新的现状分析得出，迄今为止，大部分企业没有给予科技投入足够的重视。和知识产权、人才资源等无形资产相比，企业更愿意把资金投放在厂房和设备等有形资产上。其主要原因为在从前的创新机制中，技术供给方与需求方在目的上各有所求，引发技术供求结构矛盾。若站在技术供给方的立场上，大学与科研机构双方在对产业技术需求动力的理解上缺失深刻的探究和分析，使其科研成果满足不了大规模企业对一系列技术和设施的要求，也就更不可能提供出科技创新的高效输入。而从技术需求方的角度看，因为企业没有充足的资金支持，导致企业的利益性和短期性行为，缺乏相应的科研投入。

（2）大同市。

科技资源作为科技进步的重要条件，对推动社会发展有着不可或缺的作用。大同市有着优越的地理位置，同时作为蒙晋冀（乌大张）长城金三角合作区的重要组成部分，对区域经济社会发展起着重要的影响作用，对其科技资源配置相关问题的研究具有积极意义。通过分析大同市科技资源的现状，探寻其科技资源配置中存在的问题，在此基础上提出优化大同市科技资源配置的对策。

2014 年 8 月，在内蒙古乌兰察布市举行了首届“蒙晋冀（乌大张）长城金三角合作区联席会议”。国家发改委委员会和蒙晋冀三省区领导出席了会议。会上三市共同签署了“蒙晋冀（乌大张）长城金三角合作区建设协议”，商定共同编制《蒙晋冀（乌大张）长城金三角合作区规划》。2015 年 6 月，国家正式印发的《京津冀协同发展规划纲要》明确提出“支持蒙晋冀毗邻地区（乌兰察布—大同—张家口）合作区建设”，标志着乌大张合作区建设正式上升为国家发展战略。2015 年 8 月，各方全力推进合作区规划制定，召开了会议，签订了《协同推进蒙晋冀（乌大张）长城金三角合作区规划认同书》。2016 年 1 月印发的《“十三五”时期京津冀国民经济和社会发展规划》，再次明确了乌兰察布市、大同市纳入京津冀协同发展的定位。

大同市作为蒙晋冀（乌大张）长城金三角合作区的重要组成部分，又是我国的历史文化名城，地理位置十分重要。大同市有着特有的区位交通优势、资源优势、产业优势，科技的发展能够充分发挥其地理位置优势，促进其产业结构转型升级。但是目前仍然存在科技投入与产出效率低，地区投入不平衡，科技发展水平落后等问题。因此通过对大同市科技资源配置的研究，一方面，可以找到大同市投入与产出效率方面存在的问题，提出解决对策，供政府部门决策参考，促使乌大张区域整体融入京津冀；另一方面，可以为其他区域提供经验借鉴，促进区域整体科技和经济水平的发展。

① 大同市科技资源投入情况。

科学技术人员数是反映一个地区科技竞争力最直接的指标。由表 9 – 23 可知，自 2010 年来大同市科技人员总数逐年增长，增速相对稳定，主要体现在工程、农业、卫生、科研及教学领域。2016年，大同市圆满完成9项省级“三区”人才计划项目。共选调了76名各市各县的优秀科技人才前往广灵、阳高、辉源、大同县5个贫困县，分别开展农村科技创新创业活动，利用自身的专业优势有针对性地解决各自所在服务单位在科技发展进程中面临的技术问题，帮助这些贫困地区改进产业模式，实现脱贫致富。在多个乡镇举办培训会共23场，参与培训人员超过4000人次，下发资料总计17700余份，技术骨干与乡村人才分别增加22人和125人。2017年培养科技人才总计240名，其中学术人员共28名，学士24人、硕士1人、博士3人，职称人员共76名，技术领军人才8名。

表9-23　2010—2016年大同市科学技术人员数统计

年份	科技人员总数	工程技术人员数	农业技术人员数	卫生技术人员数	科学研究人员数	教学人员数
2010	426966	148829	23269	119979	3652	131237
2011	433546	153618	23823	122011	3613	130481
2012	446840	162442	25613	126525	4930	127330
2013	451492	167161	25931	123205	4077	131118
2014	460218	177869	25313	124146	4442	128448
2015	461163	183053	23736	123148	4597	126629
2016	470156	192515	22836	126100	4500	124205

科研机构是各个地区进行科技研发的基础场所，可以保障科技活动顺利开展。如表9-24所示，大同市自2010年来的科研机构总数呈递减趋势，主要表现在地、市直属科研机构的减少。2017年大同市新设立了3个省级工程技术研究中心，分别是石墨烯功能材料工程技术研究中心、脂质靶向制剂工程技术研究中心和生物发酵制药工程技术研究中心。同年，又认定了5家省级以上众创空间、2家省级及以上科技企业孵化器和35家高新技术企业，超额完成了任务指标。

表9-24　2010—2016年大同市科研机构数统计

年份	科研机构数合计	中国科学院直属数	省科委及厅局直属数	地、市直属数
2010	134	1	70	63

续表

年份	科研机构数合计	中国科学院直属数	省科委及厅局直属数	地、市直属数
2011	133	1	70	62
2012	133	1	72	60
2013	129	1	69	59
2014	128	1	68	59
2015	131	1	71	59
2016	127	1	71	55

研发经费即研究与试验发展经费，能在一定程度上反映某地区对科学研究的重视程度。通过调研大同市企业近两年的研发经费支出情况（见表9－25），大同市在科研经费的投入并未实现大幅度增长，机构经费支出甚至有减少趋势。

表9－25　大同市企业研发经费支出数　（单位：亿元）

研发活动情况	2015年	2016年
项目经费支出	85.2	83.7
机构经费支出	34.0	33.3
新产品开发经费支出	68.2	69.0

由表9－26可以看出，大同市对于研发经费的投入在全省中的排名并不靠前，但是大同市从2016年到2018年3年间，对于研发经费的投入有了显著地提高，说明近年来大同市对于科技的投入与发展越来越重视。

表9－26　2018年山西省各市研发经费情况

地区	研发经费（亿元）	研发经费投入强度（%）
全省	175.80	1.05
太原	89.50	2.30
大同	11.30	0.89
阳泉	2.60	0.35
长治	14.70	0.90
晋城	16.00	1.18
朔州	1.50	0.14

续表

地区	研发经费（亿元）	研发经费投入强度（%）
晋中	11.60	0.80
运城	16.50	1.09
忻州	1.90	0.19
临汾	5.90	0.41
吕梁	4.30	0.30

2017年8月15日，大同市经济技术开发区集中签约了12个招商项目，总投资额高达213.86亿元，其中，高新技术产业项目投资额突破22亿元，同比增长98.7%，拉动大同固定资产投资增加2.4%。这是近年来开发区规模最大、项目最多的一次签约，推动了大同市融入京津冀协同发展战略的实施，促进了科技资源的进一步拓展。

2017年8月15日，大同市经济技术开发区集中签约了12个招商项目，总投资额高达213.86亿元，其中，高技术产业项目投资额突破22亿元，同比增长98.7%，拉动固定资产投资增加2.4%。这是近年来开发区规模最大、项目最多的一次签约，推动了大同市融入京津冀协同发展战略的实施，促进了全市科技资源的进一步拓展。

科技制度资源投入情况：自2016年初，大同市科技局开始贯彻落实大同市委、市政府提出的“136”发展战略，并取得突破性进展，为大同市实现经济转型升级奠定了良好的基础。

科技信息资源投入情况：据课题组调研，大同市目前主要有七个图书馆，分别是大同市图书馆、大同市城区图书馆、南郊区图书馆、大同县图书馆、矿务局图书馆、灵丘县图书馆和大同铁路图书馆，分散在大同市各地。当前，可以查阅到大同市科技资源具体情况的网站主要包括大同市科技局、大同市统计局及山西省科技年鉴等。

② 大同市科技资源产出情况。

发明专利数量和质量是一个地区科技产出的重要内容，反映着该地区的科技竞争力。

表9－27列举了大同市几个科技行业的有效发明专利数，金属制品业和煤

炭采选业等传统技术行业的发明专利数最多，这主要得益于大同市先天的地理优势与丰富的煤炭资源。而新兴科技行业的专利数相对来说比较少，如食品制造业、计算机和通信行业等。

表 9－27　2016 年大同市各行业有效发明专利数

行业	煤炭采选业	金属制品业	医药制造业	食品制造业	纺织业	汽车制造业	计算机和通信业
有效发明专利数（件）	342	681	353	27	8	130	150

在 2018 年度山西省科学技术奖形式审查通过项目 443 项中，大同市科技项目通过及获奖的项目共有 14 项，说明大同市整体科研水平有待提高。其中大部分项目的参与单位包含大同煤矿有限责任公司，说明大同市其他单位机构科研工作的开展还有待进一步提高。

新产品开发情况可以反映科技资源的有效利用程度，开发项目数越多、销售收入越高，其有效利用程度就越高。表 9－28 通过对比大同市各行业新产品开发项目数和销售总收入，进一步说明了大同市的科技发展主要依靠煤炭采选业，其次是金属制造业和医药制造业。

表 9－28　2016 年大同市各行业新产品开发情况

行业	新产品开发项目（项）	新产品销售收入（万元）
煤炭采选业	215	2161855
金属制品业	266	424650
医药制造业	273	395815
食品制造业	20	1147
纺织业	3	936
汽车制造业	71	306716
计算机和通信	36	40079

大同市科技资源配置中存在的问题：

① 科技人力资源分配较不合理。

科技人员作为整合各类科技资源的主体，在开展各项科技活动中发挥着不可替代的作用。从大同市当前的科技人员总体情况来看，虽然从事科技活动的人员总量较大，但在分配上仍不合理。具体来说，科技人力资源主要集中在大学和科研院所中，企业科研人员相对较少。相当一部分原因在于，大多数大学生毕业后选择离开大同，去科技更发达的一线城市发展。这导致大同市的科技创新能力提升缓慢，从而制约了大同市的科技发展和经济发展。此外，大同市在科技人才缺乏的情况下还面临着结构性过剩的问题。新兴科技领域的人才需求量日益增加，现有的人才数远不能满足，其中，高级技能人才尤其缺乏。相反，传统科技领域的人才需求量大大减少，部分人员所用非所学，无法发挥自身的专业优势。

② 科技物力资源投入力度不足。

在市场经济中，加强企业在科技资源中的主体地位是政府的工作重点。虽然大同市政府采取了一些措施，但由于改革的阶段性，要实现科技资源配置主体从科研机构到企业的完全转变还有很长的路要走。就近年的科技物力资源投入情况来看，大同市面临多个方面的问题：基础设施不够完善，科研中心与实验基地的基本环境、硬软件设施都相对落后；政府关于科技创新的服务功能没有做到位，科研人员在研究过程中缺乏所需物力资源，积极性不足，难以将理论成果转换为科技成果。由此看来，大同市的科技物力资源还有很大的投入空间。

③ 科技活动费用支出有待增加。

科技财力投入是顺利开展科技活动的重要保障，间接体现出一个地区的科技水平。从宏观层面来看，大同市的科技投入资金并没有随着经济的快速发展而增加。这在一定程度上制约了科技的进一步发展。从微观层面来看，大同市的研发经费支出无法满足日益增长的科技需求。经费不充分，科学研究就难以出成果，技术创新就不能取得突破。

④ 科技创新机制需要尽快改革。

创新对科技发展的重要性不言而喻，企业没有创新就难以在市场中立足。大同市目前的科技创新机制还存在一些问题：首先，激励创新的政策在科技成果向生产力转化的环节中衔接不够紧密，难以调动企业研发的积极性，使企业在科技市场中处于被动地位；其次，科技创新统筹协调能力不强，多数科技企业在创新过程中采取封闭运作的模式，科技资源分散、重复和闲置等碎片化问题较为严重，科技创新效率很难提高。

⑤ 科技信息资源发展相对薄弱。

科技资源的信息建设，是科技竞争力提升的基本保障，对一个地区的科技创新能力有很大的影响。当前大同市的科技信息文献资源相对一线城市仍有较大差距，大多数文献资源分散在高等院校、各科研院所及市图书馆内，缺乏专门的机构对资源进行系统管理来实现宏观调控和及时共享。大同市关于科技资源的网站数量不多，且大部分网站偏重形式，具有实质性内容的信息网站较少。同时，大同市的信息资源缺乏法律法规和行为规范的支持，在一定程度上减慢了科技信息资源基本体系的形成进程。此外，科技宣传工作滞后，对重大科技政策、重要科技成果和科技创新典型的宣传力度不够；全市尊重知识、尊重人才、尊重创造的氛围还没有完全形成。

（3）张家口市。

张家口市科技资源的投入与产出分析：

张家口为京冀晋蒙四省通衢，可发挥其交通优势。京张联合承办 2022 年冬奥会，是加强京冀合作的良好契机，将有力地促进张家口与北京在文化、产业、信息交流等方面的对接。由此可见，张家口潜力巨大。

① 科技资源产出状况（见表 9－29、表 9－30）。

表 9－29　张家口市 2012—2018 年科技产出情况统计

年份	专利申请量（个）	专利授权量（个）	市级重点实验室（个）	科技成果登记数（个）
2012	430	292	2	151
2013	684	420	6	159
2014	1058	525	7	160
2015	1242	787	10	155
2016	1464	837	13	151
2017	1252	604	18	141
2018	2034	1249	20	115

数据来源：张家口国民经济和社会发展统计公报（2012—2018 年）；河北省科学技术成果统计公报（2012—2018 年）。

表 9－30　张家口市 2012—2018 年科技产出情况统计

年份	专利申请量	专利授权量	市级重点实验室	科技成果登记数
2012	430	292	2	151
2013	684	420	6	159
2014	1058	525	7	160
2015	1242	787	10	155
2016	1464	837	13	151
2017	1252	604	18	141
2018	2034	1249	20	115

数据来源：张家口国民经济和社会发展统计公报（2012—2018 年）；河北省科学技术成果统计公报（2012—2018 年）。

如表 9－29、表 9－30 所示，从对 2012—2018 年的科技资源产出来看，张家口市专利申请量和专利授权量整体上在同步上升；市级重点实验室也在逐年稳步增加；但科技成果登记数量在 2014—2018 年呈下降趋势。张家口投入与产出数据见表 9－31。

表 9－31　张家口科技资源投入与产出数据汇总

年份	财政科技支出额（亿元）	占地方财政一般预算支出比重（%）	研发经费支出（亿元）	研发经费投入强度（%）	专利申请量（个）	专利授权量（个）	市级重点实验室（个）	科技成果登记数（个）
2012	1.30	0.49	6.10	0.49	430	292	2	151
2013	1.36	0.46	8.20	0.62	684	420	6	159
2014	1.52	0.46	8.80	0.66	1058	525	7	160
2015	1.18	0.3	6.90	0.51	1242	787	10	155
2016	2.25	0.54	5.50	0.37	1464	837	13	151
2017	2.08	0.44	6.30	0.44	1252	604	18	141
2018	2.86	0.51	4.30	0.28	2034	1249	20	115

如前所述，根据数据的可得性，分别选取财政科技支出额、占地方财政一般预算支出比重、研发经费、研发经费投入强度、专利申请量、专利授权量、市级重点实验室、科技成果登记数 8 项数据，运用复合系统协同度模型进行实

证分析。

如前述，分别以相同基期和相邻基期对三地科技子系统互相之间的协同度做了实证研究。

三市科技资源复合协同度走向趋势比较接近，但存在一定差异性。总体看来，区域科技资源投入—产出系统复合协同度越来越高。

9.2 科技协同创新对策[1]

（1）建立健全多元化科技资金融资体系，加大科研经费投入。

目前，蒙晋冀地区在政策支持下，科技实力不断增强，但是科技资金投入仍相对不足。与京津冀等发达城市相比，在科技经费投入的数量方面和资金投入速度方面还存在较大差距，即科技经费投入仍然短缺，仍不能满足地区发展的需要。科技投入是衡量一个国家或地区的综合科技实力和科技发展水平的重要指标，与地区经济发展水平息息相关。若资金投入充足，则有利于当地经济的快速发展；若资金投入不足，则会影响其经济发展速度。

因此，充足投入的科技资金是地区科技事业发展的重要保障。要通过建立以政府为主导，与企业、高等院校、科研机构等为一体的多元化科技资金融资体系，拓宽科技经费的投资、融资渠道；通过政府相关政策的出台实施，加大科技在财政支出中所占的比重，提高地方财政科技支出额。

（2）加强科技人才队伍建设。

蒙晋冀三地都拥有各类科研机构人员、高校科研教师、企业的研发人员，但是科技人力资源处于相对较低水平，存在科技人才数量较少、质量不高、结构性人才过剩和短缺等问题。

科技人力资源是提高区域科技水平的重要前提和保障。政府应出台相关政策以提高区域科技人才的待遇，吸引各类高层次创新科研人才，同时避免造成优秀人才和领军人才的流失。企业也要有计划地派遣青年科技人员前往高校、科研机构深造，培养更多与合作区发展相适应的科技领军人才、科技创新团

[1] 资料来源：乌兰察布市科学技术局。

队，打造合作区内层次较高的科技人才队伍。

（3）建立健全科技资源共享机制。

科技资源共享机制不健全这一现状使得政府、高校、企业等科研机构无法掌握完整的信息资料，造成各类资源的重复浪费，导致地区间的科技创新能力和效率不足，不利于各地区之间的合作以及长足发展。

因此，通过打造一个畅通、科学、合理的科技资源共享平台，推进政府部门、企业、高等院校等各主体之间的合作，促进各类科技资源的共享，避免不必要的浪费，可以优化合作区科技资源配置的效率，对增强以蒙晋冀合作区为代表的地区科技实力、推动科技进步和促进科技事业蓬勃发展具有重要作用。

①加大科技投入力度。如果科技是经济发展的引擎，那么人力及资金投入就是科技发展的动力，所以要加大科技人力、物力、财力的投入力度。一方面，发挥科技人才对科技发展的引领作用，大力引进科技人才，同时加强教育，依靠高校及科研院所，培育创新型人才；另一方面，继续加大科技资金的投入力度，特别是研究与发展经费，合理分配各项科技资金，同时还要支持建立科技研发机构、高等实验室等。

②加强与周边地区的科技合作。加强京津冀和乌兰察布市、大同市、张家口市的科技交流与合作，打破区域间的藩篱，营造有利于科技发展的环境，全面拓宽与周边地区的科技合作领域，促进乌大张地区科技的发展并带动周边地区共同进步。

③加强科技成果的转化。产出是科技投入的目的，将科技资源转化为能促进发展生产力的要素是科技发展的最终目的。科技成果不应该是冷冰冰的档案资料，要完善科技成果转化平台，积极推动应用型项目的发展，促进科技成果的转化，使其成为发展生产力的一部分。

④加强体制机制建设。科技发展不仅需要有形的人员、资金支持，无形的政策支持也至关重要。管理机构一方面要积极出台相关政策支持企业、高校建立研发机构，同时鼓励企业对技术进行消化吸收，提高技术成果转化率，特别是要加强对科技人员、机构的激励机制建设。另一方面要加强对科技投入的监督机制建设，对科技投入进行监督，加强对科技项目的审查，使科技资金真正做到为科技服务，科技成果真正为经济社会发展服务。

随着市场竞争的日趋激烈，科学技术的进步越来越重要，世界各国都将科学技术作为经济发展的核心动力。科学技术是第一生产力，科技发展的高度对经济发展的水平具有重要影响。以蒙晋冀（乌大张）长城金三角合作区的科技投入与产出为研究对象，通过建立科技投入与产出效率分析的评价指标体系，对京津冀和乌大张的科技投入与产出进行比较分析，了解乌兰察布市、大同市、张家口市科技投入与产出现状，并提出优化乌大张合作区科技资源配置的建议，对蒙晋冀（乌大张）长城金三角合作区快速融入京津冀合作区具有重要意义。

9.2.1　乌兰察布市科技资源优化配置的对策建议

（1）深化科技体制改革，提高科技创新水平。

乌大张合作区建设作为京津冀协同发展的重要功能区、协作区，三省区分别将乌大张合作区纳入省区国民经济和社会发展计划中，在明确自身定位的基础上，打造科技园区建设协同发展区，科技成果转化合作区，能源资源保障共享区，实现资源共享和优势互补。

因此，不仅要以内蒙古自治区实施的经济发展战略为依据，还要详细集合乌兰察布市各旗县的科技发展特点，制订合理的人才资源配置方案，充分调动各县投入科技人才发展的积极性，以加快实现乌兰察布市科技人才资源的有效配置。同时，科技人才资源配置要从三地科技发展的大局出发，纠正重培养、轻配置的思想，解决科技人才行业和地域分布不合理的问题，不断优化科技人才资源配置体系，逐步形成科技人才资源配置的良性循环机制。

影响科技创新能力的关键因素在于衡量有效转化的科技创新产出数。在科技创新发展进程中，乌大张合作区需要系统地研究三地创新系统之间的协同，寻求适应三地科技创新发展条件的平衡点。乌兰察布作为经济发展水平相对偏低的省区，更应该与大同、张家口两市共同创建科技产出转化服务系统，集中精力开发以扩大技术市场和提高生产能力为主要职责的高新技术组织，培养专业人才的科技创新素质，给予科技人才更广阔的发展与提高平台。

此外，内蒙古自治区在整个实施自然科学基金的计划过程中，其利好将辐射整个自治区。经过整合后的科技人才资源，都可以释放出巨大的潜在创新力和创造出具有自主知识产权的科技成品，培养更多的科技人才及其他们的创新能力，加快乌大张共同发展的美好篇章。

（2）加强科技人才市场体系建设。

① 重视对科技人才的思想教育。

随着我国经济的迅猛发展，对高技能和高素质水平的人才需求越来越大，而成为高素质水平的科技人才最重要的就是进行思想教育。从个人的角度来说要增加科技人才的思想课程安排，始终把国家利益放在第一位，端正思想作风，一心一意搞研发，从而实现人生价值；从政府角度来说要重视对科技人才的思想教育，对企业、高校、科研机构的思想教育进行不定期的检查，充分发挥政府的监督监管作用。

② 制订科技人才培养目标。

大学期间通过人力资源管理的课程学习，懂得制订人才培养方案的关键性一步就是建立科技人才培养目标。高校培养最主要的输出结果是人才，应在充分分析乌兰察布市科技人才培养发展现状的基础上制订具体的科技人才培养目标，结合高校历史科技人才培养数量建立符合实际发展情况的人才培养计划。同时，还应关注大同市、张家口市的科技人才培养目标体系建设，加强三省区间的高校合作，建立人才培养体系，进行高校科技人才培养定点输送，协力完成科技人才培养目标。

③ 丰富人才培养方式。

京津冀经济圈作为发展日趋成熟的合作区，其教育资源丰富、科技人才聚集、人才培养体系日趋完备。乌大张合作区建设作为 2015 年国家重要发展战略，首先应该重视科技人才的培养，通过培训、实践、导师制等多种培养方式进行人才的系统全面培训，鼓励高校科技人才去企事业单位实习实践，推动三省区制订定点实习单位吸引人才的优惠政策，与大同市、张家口市进行合作交流培训。

（3）加大科技投入力度，为科技发展提供经济基础。

乌兰察布作为乌大张合作区的主体之一，应充分抓住发展机遇，依据政府的政策支持和战略部署加大科技活动经费和研究开发经费的投入，构建科技投入—产出指标体系，建立“品牌科技特派员 + 市场机制 + 科技项目 + 特色主导产业企业”的科技服务模式，积极打造品牌科技特派员和特色品牌产业，为产业品牌建设做出积极贡献。

同时，利用京津冀人才、技术、资金和信息等要素及三市现已形成的专业化分工优势为区域合作，加大科技信息服务平台建设力度，重新启动乌兰察布市科学技术奖励工作，积极开展科技宣传，强化科技服务，提高科技支撑能力；强化科技示范，提高科技引领能力；强化阵地建设，夯实党建基础。

（4）优化科技人才资源配置。

乌大张合作区建设作为京津冀协同发展的重要功能区、协作区，三省区分别将乌大张合作区纳入省区国民经济和社会发展计划中。在明确自身定位的基础上，打造科技园区建设协同发展区、科技成果转化合作区、能源资源保障共享区，实现资源共享和优势互补。

因此，不仅要以内蒙古自治区实施的经济发展战略为依据，还要详细集合乌兰察布市各旗县的科技发展特点，制定合理的人才资源配置方案，充分调动各县投入到科技人才发展的积极性，以加快实现乌兰察布市科技人才资源的有效配置。同时，科技人才资源配置要从三地科技发展的大局出发，纠正重培养、轻配置的思想，解决科技人才行业和地域分布不合理的问题，不断优化科技人才资源配置体系，逐步形成科技人才资源配置的良性循环机制。

9.2.2　大同市科技资源优化配置的对策建议[1]

（1）优化科技人力资源配置。

大同市政府可积极引进科技人才，给愿意留在大同的高学历科技人员提供多种优惠政策，如给付高薪、落实户口和派遣出国培训，对已经在大同市从事科技活动的人才加大经费投入，鼓励和引导各科研机构开发人力资源、组建科技团队及举办学术交流会等，以此提升大同市的科技创新能力，促进大同市的科技发展和经济发展。发挥科技人才对科技的主导作用，大力引进科技人才，加大新兴科技的人才培养力度，以满足日益增长的高科技人才需求，并且支持

[1] 张国卿．大同市科技资源配置现状及对策研究［J］．山西大同大学学报（社科版），2019，33（3）：111－115．

传统科技领域人才向新兴科技领域迈进，实现现代科技人才的全方位发展，以保证不被快速发展的科技时代所淘汰。同时进一步加强协作，借助山西大同大学，培育创新型的人才。

（2）加大科技物力资源投入。

大同市政府可加大建设科技基础设施力度，改善科研中心与实验基地的基本环境，及时更新软硬件，完善关于科技创新的服务功能，把科研人员的积极性提上去，做好科技活动的准备工作，保证科技资源的稳定增长，逐步实现科技资源配置主体从科研机构到企业的转变。同时可以设立科技专项资金，加强对科技数据的保护，改变会部分数据泄露的现状，建立安全高效的智能化公共平台。

（3）加大科技资金投入力度。

继续加大科技资金的投入力度，特别是研究与发展经费，合理分配各项科技资金，同时还要支持建立科技研发机构、实验室等。大同市财政部门应该设立科技创新专项资金，增加应用研究、科学普及和技术交流合作等科技活动的费用支出，加强企业在科研项目的主导地位，以补助、奖励等方式支持大众投资科技资源。同时加大研发经费投入，提高研发经费在生产总值的比重，使科技人员在研究过程中能得到基本的物质保障，及时将科研设计转化为技术成果，在技术创新方面取得新突破。

（4）完善科技创新政策体系。

大同市政府可调整科技创新政策，把科技成果和生产力转化的环节紧密衔接起来，调动企业研发的积极性，使企业在科技市场中实现由被动到主动地位的转变。同时加强科技创新统筹协调能力，引导各科技行业改变创新过程中封闭运作的模式，解决部分科技资源分散、重复和闲置等碎片化问题，提高科技创新效率。

（5）加快发展科技信息资源。

大同市政府可建立一个专门机构，对分散在高等院校、各科研所及市图书馆内的文献资源进行综合管理，实现宏观调控和及时共享。允许多样化的科技资源网站存在，增强科技信息的实效性，完善相关法律法规和行为规范，加速形成科技信息资源基本体系。同时应充分发挥领导职能，继续落实大众创业、万众创新的政策，加强科技宣传工作，加大对科技政策、科技成果、科技创新典型的宣传力度，营造全市尊重人才、尊重创造的浓厚氛围。

（6）加强与周边城市的科技合作。

大同市与乌兰察布市、张家口市相邻，因此要加强与其他城市的科技交流与合作，打破区域间的体制机制上存在的藩篱，营造有利于科技发展的环境，全面深化与周边地区的科技合作，促进大同市科技的发展以及带动周边地区共同进步。

资源是竞争最基本的要素，要提高一个地区的科技竞争力，首先要保证拥有充足的科技资源。从宏观上来看，科技资源是人力、物力、财力及信息的总和，这些硬软件的占有和配置是在科技竞争中取胜的关键。大同市之前主要依靠劳动型产业发展自身经济，随着科技时代的到来，劳动力已经不能作为发展生产力的主要力量，加大科技投入、提高科技型产业比重是必然趋势。目前，大同市仍然存在人力资源分配较不合理、物力资源和财力资源投入力度不足、科技创新机制不够完善、信息资源发展相对薄弱等问题，政府需高度重视并解决这些问题，通过优化科技人力资源配置、加大科技物力资源投入、增加科技活动费用支出、改革科技创新政策体系和加快发展科技信息资源等措施，实现科技资源向生产力的有效转换，保障经济持续稳定增长。

9.2.3 张家口市科技资源优化配置的对策建议

（1）人才为先，建设高层次科技人才队伍。

科技活动的主要参与者和科技成果的主要创造者都是人才资源，科技资源配置优化要以人为本❶，张家口市可通过以下方式来进行科技人才队伍建设：一是大力培训优秀科技人才；二是颁布、贯彻实行创新人才制度，不断推进优秀人才引进战略，进一步增强张家口地区的吸引力；三是要加强科技物力资源建设，完善科技中介服务体系；四是要发挥国内外高校、科研机构的效用，派遣科技人才的骨干精英前去学习，选拔优秀的人才出国深造，提高学习的积极性。

---

❶ 许晓军. 淄博市科技资源的配置和利用［J］. 中国科技资源导刊，2017，49（3）：13－19.

（2）拓宽科技经费投入渠道，加大科技经费投入量。

科技是国家、地区之间重要的竞争手段。作为推进科技进步的手段，张家口市政府可以积极推动金融科技投资机制形成，并在高新技术和关键技术领域不断优化科技资源配置，不断提高科技资源配置效率。一是政府要把财政支出的重点放于科技方面，进一步促进科技资金投入的增长；二是要构建政府、企业、个人相结合的多元一体化资金投入系统，形成高效的科技经费筹资体系。❶

（3）提升科技创新能力，优化科技创新环境。

张家口市作为三省和首都交界接合部，借力京津冀（环渤海）合作区和乌大张（外长城）合作区协同创新建设，有利于加强张家口市的科技创新能力，结合当地实际情况，借鉴周边发达地区的科技创新的有关经验，加快转变经济发展方式，建立开放合作的科技创新体系，促使科研成果向生产力的转化，提高张家口市科技自主创新能力、创造先进的科技成果。通过进行相关制度创新来促进技术创新，以技术创新促进产业结构调整优化和经济发展。张家口市要积极全面贯彻落实“科教战略”，不断优化科技创新环境，提高全市科技水平和能力，为经济社会发展提供基础和保障。

（4）建立产学研合作机制，实现互利共赢。❷

通过政府间科技合作、校企合作、政府与高校的科技合作等，发挥高校、企业、政府之间的联合带动作用，加快推进产、学、研合作机制的形成，相关政府机构应积极推动大型企业与高校、科研机构的长期稳定合作，建立科学有效的产学研合作机制❸。高等学校与企业进行合作，不仅可以共享企业仪器设备等资源，而且可以为企业创造先进的科技成果，共同发展。张家口市作为多省交界区域的结合点，可通过各个地区间的科技合作，逐步加大与京冀晋蒙周边地区的科技合作和交流，从而促进地区的科技、经济共同发展，进一步推动乌大张长城金三角发展战略、京津冀协同发展战略的有效实施。

---

❶ 詹杰，张华展．廊坊市科技资源配置现状及优化对策研究［J］．新西部，2011，4（12）：67．

❷ 张国卿．战略管理视角下的中小企业仿真决策方法探析［J］．商业经济，2014（11）：100－101．

❸ 谷扬．秦皇岛市科技资源配置效率评价研究［D］．秦皇岛：燕山大学，2010．

（5）整合科技资源，构建科技资源共享平台。

通过构建囊括政府出台的政策、企业科技资源需求、人才供应需求、科研机构数据资源等内容综合、全面的科技资源共享平台，达到对科技资源进行整合，推进科技方面工作的有效进行，为地区的社会经济发展服务的目的。[1]

随着经济全球化、信息化水平提高，科技资源越来越成为促进社会经济发展的最重要因素。科技资源也是进行科技活动、科技创新的重要基础，在此环境下，研究张家口市科技资源的投入、产出概况，有利于促进地区科技快速发展，同时对进一步推进乌大张长城金三角和京津冀协同发展战略的有效实施具有重要意义。

---

[1] 施祺方，陈呈频，毕娜. 宁波市科技资源现状调查及对策分析［J］. 技术经济，2006，25（5）：79－80.

第10章　战略定位与发展目标

乌大张长城金三角合作区是乌大张三市主动融入和服务京津冀协同发展和“一带一路”国家战略的有力支撑，也是乌大张三市切实贯彻创新、协调、绿色、开放、共享的发展理念的有效途径。依据乌大张的区位特征，基于国家战略的发展战略和“五个发展”的理念，合作区的战略定位如下。

10.1　国家东、中、西部区域合作示范区

遵循市场经济规律，打破行政体制障碍，大胆创新、先行先试，促进市场统一开放，努力探索跨省交界地区合作发展有效途径，实现区域合作水平和层次的新跨越。推动欠发达地区转型发展，打造东中西部开放合作新高地，建设新的经济增长极，为促进区域互动合作发展和体制机制创新提供典型示范。[1]

乌大张长城“金三角”合作区应该依托独有的区位优势，自觉打破自家“一亩三分地”的思维定式，积极整合中国东部、中部、西部和振兴老工业基地的优惠政策，承接产业转移，成为中西部向东输送物流、承接商流的“出口门户”和京津冀经济圈向西辐射的“入口门户”，打造成为东、中、西区域合作发展试验示范区。

---

[1] 张国卿，朱少英，吴海燕．要素市场扭曲对中国经济外部失衡的影响机理研究［J］．经济研究参考，2016（33）：29－34．

10.2 国家产业转型试验区

打造京津冀产业转移承接基地。紧紧抓住国家推进京津冀协同发展特别是北京非首都功能疏解的重大机遇，用好乌大张区域合作平台，借助京蒙对口帮扶合作机制，加强京津冀以及山西邻近县市的对接联系，依托区位交通、生态环境、生产要素成本等优势，以飞地承接模式、产业链承接模式，积极承接装备制造、精细化工、新型特种材料、休闲养老等产业，培育一批新的经济增长点。

顺应京津地区城市功能疏解、要素外溢的趋势，规划、培育优势主导产业，促进区域产业转型。三市通力合作，提高产业承载和支撑能力，通过优势产业、优良环境、优质服务吸引京津冀企业落地，形成集聚效应，培育产业集群，扩大产业规模，增强本地对于人口和人才的吸引能力；加快产业园区发展，为乌大张三地进行合作并承接京津冀地区产业转移迎来一个战略机遇期和黄金发展期。乌大张三地建设以园区为核心的产业布局，能够有效地将三地的资金、科技、人才、信息等生产要素集中在同一地区，大幅提高工业园区生产要素的集中度。同时还可采取多种方式，积极引导金三角地区的中、小型企业向各地相对固定的园区集中，或者加入大企业集团和优势企业的产业分工协作体系中去，调整产业结构，促进产业结构优化升级，以集约化发展模式逐步取代传统发展模式。依托特色农林产品、能源矿产资源和产业基础，加强综合开发利用，大力发展战略性新兴产业和高技术产业，促进产业转型升级，提升农产品生产加工业和装备制造业水平，加快煤炭、电力基地建设。

突出乌大张的特色旅游资源，加强各地区、各类型旅游要素的整合，合力打造以历史文化和休闲度假为主题的历史文化、自然风光旅游特色品牌和精品旅游线路，共同开拓国内外旅游市场，建设国内一流、国际知名的旅游目的地。着力打造养老产业，把乌大张打造成“健康养生之都”。充分利用当地低温的环境优势，做大做强第三产业特色群，重点发展商贸物流、电子商务、工业设计、金融保险等绿色无烟行业，探索发展信息网络、云计算、大数据处理等新兴行业。

建设京津冀区域性旅游观光休闲度假基地。依托察尔湖旅游度假区、苏木山森林公园以及极具旅游开发潜力的佑安寺、大青山摩崖石刻等特色旅游资源和深厚的文化底蕴，大力开发休闲养生、避暑度假、农业观光等精品旅游线路和旅游产品。

加快旅游基础设施建设，不断提升旅游服务能力。凭借兴和苏木山、察尔湖，阳高大结杏，天镇温泉等旅游资源，打造区域一体化旅游品牌，实现旅游资源共享、线路互推、客源互送、合作共赢的发展目标。

打造成华北大区云计算产业支撑中心、全国乃至全球云服务业务承接中心、全国云服务业务备份中心，吸引与奥运项目相关的现代信息服务业向本区域聚集，建设京津冀区域规模最大的云计算与数据产业基地。依托便捷的立体交通网络和交通枢纽，积极发展现代物流业，科学规划、合理布局物流集散交换中心和物流园区，构建专业化、信息化的现代物流产业体系，建设辐射中西部地区、连接京津冀、对接俄蒙欧的物流中心，打造我国重要的物流集散基地。

10.3　京津冀协同发展的生态保障区

京津冀合作区是推进区域发展体制机制创新，探索完善城市群布局和形态、优化开发区域发展的示范和样板，是探索生态文明建设有效路径、促进人口经济资源环境相协调，实现环渤海经济区发展、带动北方腹地发展的一个重要区域共同体。京津冀的协同发展为乌大张长城金三角合作区融入奠定了良好的基础，提供了丰富的合作发展经验。研究京津冀的科技投入与产出可以为乌大张合作区发展提供良好的借鉴经验。

京津冀科技发展基础好，创新能力强，京津冀、蒙晋冀地区科技知识成果数量都呈现不断递增趋势，京津冀和蒙晋冀科技创新能力都在不断提高。但是蒙晋冀与京津冀合作区无论是在科技投入方面还是科技产出方面都有明显差距。

统筹生态建设、环境保护、资源利用与经济社会协调发展，加大生态网络建设力度，加强重点流域和地区环境综合整治；加大生态补偿力度，大力发展循环经济；提高资源集约利用水平，推动绿色发展；构建生态保障，保障京津冀生态安全。立足长城金三角地区绿色资源优势，着力发展清洁能源，探索传统能源的清洁化，培育环保产业，在提供生态服务的同时，促进生态产业发展。

建设京津冀重要清洁能源输出基地。依托丰富的风能和太阳能资源，紧紧抓住国家扶持新能源产业发展的政策机遇，在大唐万源一期、富丽达、国电龙源、中节能等风电项目和宏大 2×35 万千瓦热电联产项目并网发电的基础上，进一步加大风电、光伏发电等清洁能源项目建设力度，构建多元发展、结构互补的电力产业格局。

建设京津冀地区绿色农畜产品输出基地。按照“北薯、中菜、南杂粮”的区域化、规模化种植格局，提高无公害农产品基地建设和“三品一标”认证标准，加快培育绿色优质农产品，积极打造农产品品牌。以绿色、生态、优质、高效、安全为方向，大力转变畜牧业发展方式，积极推广“公司＋农户”“公司＋基地＋农户”等产业化经营模式，加快“百千万”养殖园区建设，促进畜牧业由数量增长型向集约高效型转变。加强与尚义、阳高等邻县在农产品生产、加工、销售等环节的合作对接，积极引进京津冀的大型农畜产品深加工企业，扩大产业规模，提升农畜产品知名度和竞争力。

加强劳务培训机构建设，加强富余劳动力转移培训，增强外出务工人员的职业技能和适应能力。加强劳动力服务平台建设，联合边界县共同打造劳务品牌，提高劳务输出组织化程度，推动劳动力向京津冀有序流动。❶

10.4 脱贫攻坚的先行区

立足于乌兰察布市、大同市和张家口市 21 个贫困县和数百万贫困人口的现状，乌大张长城金三角合作区实施精准扶贫、精准脱贫，分类扶持贫困家庭的扶贫政策，探索对贫困人口实行资产收益扶持的制度。对于集中连片的贫困

❶ 刘政. 依托优势抢抓机遇兴和县积极参与乌大张长城金三角区域分工合作［J］. 实践，2016（12）：62－63.

区域，实施扶持与培育相结合的政策，从产业与人口两方面入手，推进集中连片贫困区的脱贫攻坚和示范工作。完善社保体系合作，保障贫困人口的基本生活，特别是贫困学生的教育，为贫困区域长远发展提供保障。在生态屏障区域，探索生态建设和加快脱贫工作的途径，使之成为全国贫困地区区域合作的先行区。

10.5　发展目标

我国经济发展已进入新常态、步入新阶段，尤其是《中华人民共和国国民经济和社会发展第十三个五年规划纲要》发布以来，对区域发展提出了更高的要求，为蒙晋冀（乌大张）长城金三角区域合作提供了良好机遇，也带来了更深层次的挑战。乌大张合作区要适应国内外形势发展变化，进一步创新思维模式，积极推进重点领域工作，深化重大问题研究，实现区域合作全面跃升和整体深化。[1]

至 2020 年，初步形成彰显发展活力，崛起势力强劲的经济区域。经济发展方式进一步转变，务实高效的区域合作发展体制机制更加健全，各具特色、分工合理的产业体系初步形成，承接产业转移示范区建设取得显著成效，生态环境明显改善，公共服务体系一体化发展初步实现，区域一体化发展格局基本形成，人民生活水平显著提高，与全国同步建成小康社会。其规划主要目标见表 10－1。

表 10－1　规划主要目标

指　　标	2013 年	2020 年
人均地区生产总值（元）	32100.00	71098.00
城镇居民人均可支配收入（元）	62491.00	93736.50
农村居民人均可支配收入（元）	19404.00	38808.00
城镇化率（%）	44.00	51.00

[1] 杨明霞，杨福和，冯生．探析新常态视域下“十三五”时期蒙晋冀（乌大张）长城金三角区域合作模式构建［J］．集宁师范学院学报，2017（1）：41－44.

续表

指　　标	2013 年	2020 年
初中毕业升学率（%）	81.00	95.00
每万人在高等校学生数（人/万人）	212.16	300.00
每万人医院、卫生院床位数（张/万人）	41.11	52.00
城乡三项基本医疗保险参保率（%）	42.39	50.00
万元地区生产总值能耗（吨标准煤）	1.39	0.70
森林覆盖率（%）	25.90	33.00
城镇垃圾无害化处理率（%）	89.00	95.00
城镇生活污水处理率（%）	90.00	95.00

到 2025 年，区域融合发展格局基本形成，建成空间布局合理、基础设施互通、产业发展联动、生态环境优美、基本公共服务均等、人民生活幸福，在国内有影响力的经济区，为全国区域协调发展发挥典型示范作用。

第11章　产学研协同创新实务探索

2014年8月，乌大张合作区第一届政府联席会议，在内蒙古乌兰察布市召开；2015年4月30日，中共中央政治局会议把蒙晋冀（乌大张）长城金三角合作区纳入《京津冀协同发展规划纲要》；与此同时，《“十三五”时期京津冀国民经济和社会发展规划》也明确支持乌兰察布市、大同市等周边毗邻地区融入京津冀协同发展国家战略。这些政策为乌大张的发展提供了有力保证。

蒙晋冀（乌大张）长城金三角合作区位于蒙晋冀三省交界处，是京津冀协同发展的重要功能区、协作区，由内蒙古自治区乌兰察布市、山西省大同市、河北省张家口市组成。蒙晋冀（乌大张）合作，可以“优势互补、良性互动、共赢发展”，对于国家层面建设重要能源基地和欠发达地区合作共赢模式的生成都有现实意义。但乌大张作为一个形成时间较短、尚且处于发展初期的合作区，各个领域的合作还刚刚开始。通过结合蒙晋冀（乌大张）长城金三角合作区的发展现实，分析政府合作的现状，剖析和揭示其存在的问题，探索政府部门合作机制，提出促进区域科技、经济长足发展的对策，对于三地深化合作、整合资源实现多方共赢具有非常重要的现实意义。

11.1　蒙晋冀（乌大张）长城金三角合作区政府部门合作现状

乌兰察布市、大同市、张家口市三地有着相似的地理环境、人文环境、产业经济环境，同属于能源产品聚集地和生态功能区，三地政府部门之间交往密切。在能源产业方面，煤炭资源输出成为有“中国煤都”之称的大同市的重要产业，而电力工业是乌兰察布市的支柱产业，张家口市有着丰富的矿产资源，是华北地区重要的电力负荷中心，三地形成了一条完整的能源产业链。在农业方面，乌兰察布市自然环境优越，是我国优质的农产品产地，大同市、张家口市靠近北京、天津等大城市，市场较为广阔，需求较大，三地进行合作可促进良好的需求—供应体系。在文化旅游产业方面，大同市是历史文化名城，乌兰察布市有独特的草原景色和蒙古族特色旅游资源，张家口市有青山绿水、大漠孤烟、坝上草原等特色景点，三地交通便利、毗邻京津冀，风景多样化，通过整合各地文化旅游资源，可以共同促进乌大张合作区旅游产业的繁荣发展。

在乌大张三地政府的合力推动下，三地职能部门、机关、其他单位以及社会各界广泛参与，在经济，文化和社会发展等方面进行了广泛交流与积极合作，并取得良好的成果。三地政府通过建立区域合作的综合平台，建立"党政促进，市场促进和民间互动"的良好模式，设定发展目标，以共同促进区域经济一体化；建立互惠互利关系，以实现三地的利益协调和利益共享；建立发展合力，以促进乌大张合作区的联合发展和各自行政区域的迅速发展。乌兰察布市、大同市和张家口市党委和政府委员会进行定期交流，达成共同建设经济合作区的美好夙愿；并对促进基础设施的连通性、产业发展互补、资源要素的对接对流、建立和共享公共服务以及预防和控制整个生态环境等方面提出了初步的想法和建议，在许多重要方面都取得了积极的成果。

2012 年 7 月，乌兰察布市政务服务中心倡议，由大同市、张家口市政务服务中心发起，共同建立"蒙晋冀毗邻地区政务服务中心联席会议制度"。

2013 年 7 月，乌兰察布市承办首届政务服务中心联席会议，此后三市轮值召开。

2014 年 8 月 18 日，为期 2 天的首届蒙晋冀（乌大张）长城金三角合作区联席会议在乌兰察布市召开。大同、张家口、乌兰察布三市市委书记就区域合作分别发言。三市共同签署《蒙晋冀（乌大张）长城金三角合作区共建协议》及 5 个专项合作协议，商定委托第三方编制合作区规划，确立大同市为下一届联席会议主办城市，商谈合作区会徽、关于文化内涵共建草案及合作区下一步重点推进的工作。

2014 年 9 月 20 日，在天津梅江会展中心隆重举行“乌兰察布—大同—张家口区域天津旅游推介会”。此次会议首次向国内外旅游界推出乌大张区域旅游整体形象，旨在组团融入京津冀经济圈，共同探索区域旅游合作的新内容、新方式，增进旅游企业相互了解，逐步达成合作共识。

2015 年 8 月 4 日，乌大张三市防震减灾联席会议，在内蒙古自治区乌兰察布市召开。会上，参会人员就乌大张三市地震应急联动和未来防震减灾合作事宜进行了交流研讨。乌兰察布市、大同市、张家口市三市地震局签订了乌大张防震减灾工作合作框架协议书。

2015 年 8 月 18 日，蒙晋冀（乌大张）长城金三角合作区第二届联席会议在山西省大同市召开。本次会议以全力推进《蒙晋冀（乌大张）长城金三角合作区域规划》，加快融入京津冀协同发展进程为主题，深入探讨蒙晋冀（乌大张）长城金三角合作区的下一步发展。会议指出，在京津冀协同发展战略中，张家口连接北京的道路除了中部的京藏、京新两条高速外，北部的京北公路、南部的太行山高速京蔚段等正在快速推进，加上京张高铁的建设，未来张家口与北京的连接更加通畅快捷。北京携手张家口承办 2022 年冬奥会，将作为国家的一个窗口向全世界展示，也为张家口乃至长城金三角合作区带来了新的发展契机。国务院同意设立张家口可再生能源示范区，张家口将在新能源建设及应用领域先行先试，也必将为三市深化区域合作开辟更为广阔的空间。会上三市还签署了《协同推进蒙晋冀（乌大张）长城金三角合作区规划》认同书、《森林生态安全区域协作框架协议》、《邮政行业区域合作战略框架协议》和《动物疫病联防联控合作协议》及相关项目合作协议。会议期间还举行了蒙晋冀（乌大张）三市文化艺术展演及书画联展等活动。

2015 年 8 月 24 日，乌大张三地高校区域交流合作论坛在乌兰察布市召开。在推动乌大张三地人才培养、教育发展等方面进行了深入探讨。

2015 年 10 月 13 日，乌兰察布市、大同市、张家口市三地工商部门共同制定并签署“‘乌大张’长城金三角合作区发挥工商职能促进区域经济发展合作协议”。

2016 年 8 月 23 日至 24 日，蒙晋冀（乌大张）长城金三角合作区第三届联席会议隆重召开，来自乌兰察布市、大同市和张家口市三市的各界代表齐聚张家口市，就推进《蒙晋冀（乌大张）长城金三角合作区规划》实施，加快融入京津冀协同发展、开启合作发展新纪元进行会商。三市将以融入京津冀、参与一带一路为契机，完善协调机制，强化政策统筹，打造蒙晋冀长城金三角合作平台，形成新的经济增长极，积极参与2022年冬奥会的筹备和奥运经济的发展，持续提升区域综合实力、竞争力，把长城金三角合作推向一个崭新的高度。乌大张三市还进行了区域合作签约，三市公安部门签署了联防联控协作机制备忘录。三市交通部门签署了基础设施建设协作备忘录；三市工信部门签署了产业协作备忘录；三市环保部门签署了环境保护与监测协作备忘录；三市人社部门签署了异地就医结算协作备忘录；三市商务部门签署了商务领域深化协作备忘录；三市邮政管理部门签署了邮政行业区域协作备忘录；三市农牧部门签署了动物疫病联防联控协作备忘录；三市体育部门签署了冰雪产业及体育交流协作备忘录；三市旅游部门签署了旅游市场监管联动协作备忘录。会上还进行了重点项目签约，大同市晨光建设有限责任公司与张家口市三义房地产开发有限公司、山西顺宇农业股份有限公司与蔚县人民政府、乌兰察布市目标行动汽车俱乐部与大同中国国际旅行社和张家口市蓝天国际旅行社等分别签署了专项合作协议。[1]

2016年9月，三市共同举办了首届内蒙古粮食产销协作洽谈会和首届乌大张三地粮食部门区域合作交流会。三地粮食部门共同参加了首届内蒙古粮食产销协作洽谈会开幕式、参观了乌兰察布市杂粮精品展台、考察了四子王旗乌兰花区储库和蒙鑫粮油批发市场、举办了三地座谈交流会。通过学习考察、座谈交流，三地粮食部门达成共识：一是三地粮食部门要建立长效合作机制，采取定期分地会务的形式加强区域合作，增进相互之间的了解；二是全方位、多角度加强三地粮食企业之间的交流合作，互通信息、互通供需，实现合作共赢；三是在粮食应急供应、粮食供需及价格信息、粮油质量监测、粮食联合执法等方面要发挥好区域合作优势，共同促进三地粮食流通工作的健康发展。

2016年11月，大同市地震局组织召开乌大张暨京津冀蒙交界区地震联防

---

[1] 张国卿，陈秋声．房地产战略结构调整与长效管理调控机制［J］．学术交流，2020（9）：112－120.

会议。

2016 年 12 月 1 日，蒙晋冀（乌大张）长城金三角合作区税收合作第一届联席会议在大同市召开，三市共同签署了《蒙晋冀（乌大张）长城金三角合作区域税收协同共建框架协议》《跨区域税收管理协作实施意见》和《加强非正常户税收管理协作备忘录》，标志着以“互联网 + 涉税大数据”为支撑，以“三统一、三互助、两互认”为框架的税收合作在长城金三角合作区正式启动，长城金三角区域税收合作开启 e 时代。

2017 年 9 月 4 日，蒙晋冀（乌大张）长城金三角合作区第四届联席会议在乌兰察布市召开。会议以“新动力、新跨越‘一带一路’倡议下的乌大张合作”为主题，共商区域发展大计，共谋合作共赢之策，共同描绘美好蓝图。站在新的发展起点上，三市要紧紧抓住“一带一路”和“雄安新区”规划建设重大战略机遇，规划新的合作蓝图，发展更紧密、更全面、更牢固的伙伴关系，自觉运用战略思维把全局，做国家战略的“参与者”；自觉运用创新思维促发展，做京津地区的“服务者”；自觉运用系统思维聚合力，做区域合作的“推动者”；自觉运用底线思维谋主动，做首都生态的“卫戍者”。同时三地市政府及相关部门签署了乌大张合作区协调机构备忘录、集大高铁项目推进协议、生态环境保护合作框架协议，跨区域应急管理合作机制协议等多项合作协议。

2018 年 12 月 24 日，以“绿色发展合作共赢”为主题的蒙晋冀（乌大张）长城金三角合作区第五届联席会议在大同市召开。本次会议围绕三地的经济发展、城市建设、文化旅游等多个领域进行深入交流，并立足各自城市优势进一步建立更深入的合作关系。会议同期，还举办了长城金三角合作区发展规划座谈会、能源革命合作座谈会、工业振兴合作座谈会、文化旅游合作座谈会，推进三地在经济领域更进一步的合作。在会议上，乌大张三地举行了区域合作有关项目签约仪式《三市防控非洲猪瘟等重大动物疫病联防联控工作协议》《三市食品药品和市场监管合作框架协议》《三市文化合作战略协议》正式签订；内蒙古丰镇市与大同市新荣区签订了《关于共同建设晋蒙新型产业合作园合作协议》。下午，国家发改委及三省（区）、三市相关部门人员分别参加了长城金三角合作区发展规划座谈会、能源革命合作座谈会、工业振兴合作座谈会、文化旅游合作座谈会 4 个平行论坛；部分参会人员参观考察了大同市国际能源革命科创园国际智慧新能源产品展示博览中心、大同市国际能源革命科创园、大同大昶移动能源有限公司大同移动能源产业园项目、中科院工程热物理研究所大同分所、大同通用航空产业园等观摩点。

2017 年 6 月 16 日，乌大张高校教育联盟合作框架协议签约仪式在山西大同大学举行。

2017 年 11 月 13 日至 14 日，2017 年度晋冀蒙（乌大张）防震减灾联防会议在河北省张家口市召开。

2019 年 10 月 25 日，蒙晋冀（乌大张）长城金三角合作区第六届联席会议在张家口召开，紧扣时代发展脉搏，抢抓重大历史机遇，加快推进区域交流合作，携手实现优势互补、资源共享、共赢发展的宏伟目标。会上，乌大张三地相关部门就水利合作、森林草原防火和有害生物联防联治合作、冰雪运动合作签署备忘录。会议期间，举办了乌大张文化旅游产业、冰雪运动产业、可再生能源及氢能产业、大数据产业等重点产业对接交流活动。与会领导和嘉宾到张家口南山经济开发区（沃尔沃发动机工厂、领克汽车张家口工厂）、桥东空港经济开发区（“创坝”园区展厅、亿华通氢燃料发动机项目）参观考察。

乌兰察布市、大同市、张家口市三地党委、政府经常性地进行交流，达成共同建设经济合作区的美好愿望，并已在协同推进基础设施相联相通、产业发展互补互促、教育旅游等资源共享等方面提出了初步设想和建议，并进行了积极探索，取得了明显成效❶。

11.2 蒙晋冀（乌大张）长城金三角合作区政府部门合作的困境

蒙晋冀（乌大张）长城金三角合作区政府部门之间的合作，尽管已经取得了一些成效，一定程度上促进了区域社会、经济发展，但是仍然面临诸多困境。

❶ 周家彪. 抢抓新机遇对接京津冀 [J]. 求知，2015 (5)：31 – 33.

（1）地方保护主义的影响短期内难以消除。

乌大张合作区内乌兰察布市、大同市、张家口市三地之间的行政区域分割线成为阻碍地方政府之间展开合作的一道无形的屏障。由于各种因素的影响，一些地方的政府保护主义现象仍然存在，地方政府部门利用手中掌握的行政权力，对本地企业和外地企业区别对待，给一些不正当竞争行为提供保护伞。这些地方保护政策，不能使得资金、技术、人才等资源配置最优，造成区域之间的恶性竞争，不利于正常的政府部门之间的合作，给地区科技、经济健康发展产生了消极影响，阻碍了合作区经济一体化发展进程。

（2）产业结构趋同，重复建设，经济发展不平衡。

蒙晋冀（乌大张）长城金三角合作区的建立，推动乌兰察布市、大同市、张家口市三地的产业结构的相似性不断增强。产业同构化在较短时间内可以快速促进地区发展，但是长远来看，会导致各地区之间资源配置的效率低下，地区竞争激烈，不利于地区政府部门合作机制的有效构建，并在一定程度上阻碍经济的发展。合作区政府对交通、通信等基础设施工程进行的重复建设，很难实现统一规划和协调，这同样不可避免的造成了地区间的过度竞争和资源的浪费。

（3）相关法律法规、制度体系尚不完善。

我国正处于市场经济快速发展的阶段，市场经济的发展需要以遵循法律制度为前提，地方政府的行为也需要依靠国家法律法规来约束。蒙晋冀（乌大张）长城金三角合作区建立的时间较短，尚处于发展初期，因此，相关的政策尚未建立健全，相关制度还不完善。

（4）政绩评价体系不健全。

对合作区政府业绩的评价相对复杂，一般是以政府自身为评价主体，先进行自下而上的报告总结，再由上级机关和部门评价。由于信息的不对称，上级部门和机关不能全面获取有关信息，因此做出的评价容易缺乏准确性。在对政府绩效的评价过程中，也容易忽略企业、社会团体等其他重要主体的评价。一些地方政府对于官员业绩的考核和评价大多以经济发展水平作为主要依据。这就容易导致地方政府官员在经济竞争中急功近利，实行地方保护主义，迫切希望在较短时间内获得经济的快速发展，片面追求经济指标而忽视生态环境、社会效益、发展质量等其他指标。

11.3 构建蒙晋冀（乌大张）长城金三角合作区政府部门合作机制的实践探索

蒙晋冀（乌大张）长城金三角合作区地方政府之间，实现的合作在于利益的共赢，因此，要构建以处理各自利益关系为核心的政府部门合作机制。

（1）建立区域政府利益共享、风险共担机制，协调政府间利益关系。

政府间利益共享、风险共担是促进乌大张区域合作的重要前提。处理好合作区内各政府部门间的利益分配问题，寻求三地政府一致的利益平衡点，是地区协同发展的重要前提和保障。利益共享、风险共担强调政府之间的互助、合作，有利于提高三地政府的积极性，有利于区域内部人才、技术、资金等资源的共享和优化，更好地推动城市之间的合作，促进区域经济的健康可持续发展。

在各地经济发展过程中，考虑综合实力存在的差异，通过利益补偿的方式，使得各地区的经济发展实现均衡。区域利益补偿方式就是本着公平、公正的原则，借助市场的调节作用，运用相关的财政转移支付制度平衡利益，适当补偿，使得乌兰察布市、大同市、张家口市三地共同发展。建立健全利益协调关系成为促进区域政府之间长期良好合作的重要方式和手段。地方政府间利益补偿、利益协调要遵循规范性、公平性、国家利益至上的原则。蒙晋冀（乌大张）长城金三角合作区地方政府，应通过建立相应的利益协调和利益补偿的政府部门新型关系，减少阻碍区域发展的各个因素，调动各地政府积极性，通过跨省合作，最终实现互利共赢。

（2）建立违背契约的惩戒机制。

合作区内的政府间，尽管已经建立了合作关系，但是由于受自身利益的驱使，也可能出现违背既定契约，破坏合作协议的情况。在各地区跨省联合发展过程中，若一方政府实行全面开放政策，而另一方政府为追求自身利益最大化而实行地方保护政策，那么开放的一方就要承受巨大的损失。因此，需要制订区域政府违背合作协议惩戒机制，通过对违背契约方进行相应的惩戒，使得破坏合作的一方受到的惩罚力度要大于其不合作带来的收益，其惩罚后的剩余收益要小于合作而获得的收益。这种情况下，双方都会选择开放的政策促进相互间的合作。

（3）健全、完善政府部门合作政策法规体系。

蒙晋冀（乌大张）长城金三角合作区在共同发展过程中，三地政府部门利益共享、风险共担，就需要建立一个公平公正的政策法规体系，用政策来约束下属部门的行为。乌兰察布市、大同市、张家口市三地政府要在上位法允许的范围内活动，结合地区实际情况，建立相适应的地方法规，更好地促进地区经济发展，推进乌大张合作区的一体化发展进程。

（4）完善政府政绩的考核评价体系。

我国是人民当家做主的社会主义国家，人民利益是根本利益。地方政府政绩的考核和评价不应局限于经济指标，还应该增加媒体、公众等评价。通过建立科学、合理的地方政府官员业绩考核评价体系，避免地方政府形成急功近利之风，规范其政府行为，推进地方政府部门关系的正常化，促进地区之间的良好合作。

改革开放以来，在市场经济的大环境下，我国区域合作呈现不断扩大的态势，地方政府部门之间的合作在区域经济一体化过程中显得越发重要。蒙晋冀（乌大张）长城金三角合作区的发展作为重要的国家发展战略，研究其政府部门合作关系现状和面临的困境，提出促进区域内地方政府合作的对策建议，对处理好乌大张各地政府间关系，推进地区合作，实现区域经济协同发展，快速融入京津冀协同发展区域具有重要意义。